समर्पण

भारत माता के चरणों में,

तथा

मेरी जन्मभूमि, ग्राम रामनगर की उस पावन मिट्टी को,

सादर समर्पित,

जहाँ मैंने जन्म लिया, जिसकी गोद में खेलकर मैं बड़ा हुआ और जिसने मुझे जीवन के संस्कार दिए। यह कृति 'सनातन वैष्णव परंपरा' की उस अखंड धारा–वेद, वेदांत, भक्ति, त्याग और समरसता को एक श्रद्धांजलि है, जिसने सदियों से हमारी पीढ़ियों में मानवता का प्रकाश फैलाया है।

– एक सिपाही की कलम से –

रामनगर: 422 वर्षों का अनसुना इतिहास

लेखक: नरेश दास वैष्णव निम्बार्क

प्रथम संस्करण: मई, 2026

वेबसाइट:

www.nareshswaminimbark.in

"यह पुस्तक लेखक के गहन शोध और स्थानीय साक्ष्यों पर आधारित है।"

भूमिका: समय की दहलीज पर खड़ा रामनगर

इतिहास केवल राजाओं और युद्धों की गाथा नहीं होता, बल्कि यह उस मिट्टी की धड़कन होती है जिसने सदियों से उतार-चढ़ाव देखे हैं। हरियाणा की पावन धरा पर बसा गाँव 'रामनगर' केवल एक भौगोलिक इकाई नहीं, बल्कि 422 वर्षों के संघर्ष, त्याग, आध्यात्मिकता और पुनर्स्थापना का एक जीवंत दस्तावेज़ है।

इस पुस्तक को लिखने का विचार केवल स्मृतियों को संजोना नहीं था, बल्कि उस सत्य को सामने लाना था जो समय की धूल के नीचे दब गया था। सन् 1605 में जब खेड़ा डिगथलपुर के उजड़ने के बाद हमारे पूर्वजों ने पुनः इस भूमि को सींचा, तब से लेकर आज तक की यात्रा शौर्य

और भक्ति की एक अनूठी मिसाल है।

इस शोधपूर्ण यात्रा के मुख्य पड़ाव:

आध्यात्मिक अधिष्ठान: हमारे पूर्वज महंत जयराम दास जी, जो 1605 में यहाँ आए, और दादा दामोदर दास की पावन गादि ने इस गाँव

को वह आध्यात्मिक सुरक्षा कवच प्रदान किया, जिसने इसे 'रामनगर' बनाया।

शिक्षा की परंपरा: वह कालखंड जब गाँव में 'पाठशाला' और 'वेदांत शिक्षा' का बोलबाला था, हमें याद दिलाता है कि हमारे पूर्वज शस्त्र और शास्त्र दोनों के ज्ञाता थे।

शौर्य और सेवा: एक सैनिक के रूप में 24 वर्षों तक राष्ट्र की सेवा करने के बाद, जब मैंने अपनी 'बंदूक' को 'कलम' में बदला, तो मेरा लक्ष्य केवल एक था–अपनी जड़ों का ऋण चुकाना। रामनगर की सैन्य परंपरा और यहाँ के वीर सपूतों की गाथा इस पुस्तक का हृदय है।

बदलाव की बयार: 1954 के प्रथम स्कूल निर्माण से लेकर वर्तमान के आधुनिक योगा पार्क और जिम तक, रामनगर ने विकास के हर पायदान को अपनी मेहनत से छुआ है।

यह पुस्तक उन पूर्वजों को समर्पित है जिन्होंने शून्य से इस वैभव का सृजन किया और उस भावी पीढ़ी के लिए एक 'सेतु' है जो अपनी पहचान की तलाश में है। मेरा प्रयास

निष्पक्ष रहा है, ताकि आने वाली पीढ़ियां जब इन पन्नों को पलटें, तो उन्हें अपने अस्तित्व पर गर्व हो।

एक लेखक के रूप में नहीं, बल्कि इस मिट्टी के एक अंश के रूप में मैं यह गाथा आपके सम्मुख प्रस्तुत कर रहा हूँ।

– नरेश दास वैष्णव निम्बार्क

(स्वतंत्र शोधकर्ता एवं लेखक)

. लेखक के शब्द (Author's Note)

इस ग्रंथ का उद्देश्य किसी व्यक्ति या विशेष कुल की महिमा का बखान करना नहीं है, बल्कि उस लुप्त होते इतिहास को दस्तावेजी रूप देना है जो समय के साथ धुंधला पड़ता जा रहा है। एक

चित्र 2: लेखक अपनी धर्मपत्नी निर्मला वैष्णव के साथ प्राचीन मंदिर में।"लेखक और शोधकर्ता के रूप में मेरा प्रयास केवल इतना है कि ग्राम रामनगर की लोक-स्मृति, परंपरा और सांस्कृतिक धरोहर आने वाली पीढ़ियों के लिए सुरक्षित रहे।

प्रस्तुत विवरणों का आधार आधिकारिक राजस्व अभिलेख (1605 ई.), वंशावली के ऐतिहासिक दस्तावेज, कुलगुरुओं की पोथियाँ और ग्राम के बुजुर्गों की स्मृतियाँ हैं। जहाँ प्रमाण उपलब्ध थे, उन्हें यथावत रखा गया है और जहाँ मौखिक परंपराओं का सहारा लिया गया है, उन्हें श्रद्धा के साथ प्रस्तुत किया गया है।

इतिहास लेखन एक उत्तरदायित्व है। मेरा यह कार्य न तो किसी लाभ की आकांक्षा से

प्रेरित है और न ही किसी यश की प्राप्ति के लिए। यह केवल अपनी माटी के प्रति एक ऋण है, जिसे चुकाने का मैं विनम्र प्रयास कर रहा हूँ। यदि इसमें कोई त्रुटि रह गई हो, तो उसे सुधारने का मार्ग सदैव खुला है।

यह पुस्तक सत्य और समरसता के भाव के साथ उन सभी पूर्वजों को समर्पित है जिन्होंने इस धरा को अपने पसीने और भक्ति से सींचा है।

– नरेश दास वैष्णव निम्बार्क

चित्र संख्या 1 "ऐतिहासिक भेंट: वर्ष 2000 में सिएरा लियोन (पश्चिम अफ्रीका) के शांति मिशन के दौरान तत्कालीन भारतीय रक्षा मंत्री माननीय जॉर्ज फर्नांडिस जी के साथ लेखक

विषय सूची

अध्याय - 1: विस्थापन से पुनर्स्थापना तक (सन् 1605)

इतिहास की परतों में कुछ पन्ने साक्ष्यों के अभाव में धुंधले जरूर होते हैं, लेकिन उनका प्रभाव अमिट होता है। रामनगर का अस्तित्व भी ऐसी ही एक ऐतिहासिक करवट का परिणाम है। यह कहानी है– पुराने खेड़ा ढीगथलपुर के उजड़ने और सन् 1605 में नए रामनगर के उदय की।

1. खेड़ा ढीगथलपुर: एक ओझल होता अतीत

वर्तमान रामनगर से लगभग डेढ़ किलोमीटर की दूरी पर खेड़ा 'ढीगथलपुर' नाम का गाँव बसा हुआ था। यह वह मूल स्थान था जहाँ हमारे पूर्वजों की जड़ें थीं। खेड़ा ढीगथलपुर कब बसा और ठीक किस समय उजड़ गया, इसके पूर्ण ऐतिहासिक साक्ष्य आज उपलब्ध नहीं हैं। काल के प्रवाह में वे तिथियाँ कहीं ओझल हो गई हैं।

परंतु, जनश्रुतियाँ और पीढ़ी-दर-पीढ़ी चली आ रही स्मृतियाँ यह स्पष्ट करती हैं कि सन् 1605 से पहले एक ऐसा कठिन समय आया

जब खेड़ा ढीगथलपुर पूरी तरह निर्जन और वीरान हो गया। वह स्थान आज भी हमारे पूर्वजों के संघर्ष और विस्थापन की मूक गवाही देता है। 2. सन् 1605: रामनगर का प्रादुर्भाव

चित्र 1.1: ग्राम रामनगर का सीमा मानचित्र

इतिहास में साक्ष्य तब मुखर होते हैं जब सन् 1605 का वर्ष आता है। यही वह समय था जब उजड़े हुए अस्तित्व को दोबारा समेटने का पुरुषार्थ शुरू हुआ। इस ऐतिहासिक पुनर्स्थापना के केंद्र में जो व्यक्तित्व रहे, वे थे– महंत जय रामदास जी।

3. महंत जय रामदास: एक नई सुबह के अग्रदूत

जब खेड़ा ढीगथलपुर अतीत की स्मृति बन चुका था, तब महंत जय रामदास जी ने अपने सशक्त नेतृत्व और दूरदर्शिता से नए जीवन का संचार किया।

पुनर्निर्माण का संकल्प: महंत जी ने ढीगथलपुर के अवशेषों से दूर, एक नई दिशा में रामनगर की नींव रखी। उनके सानिध्य और मार्गदर्शन में ही पूर्वजों ने उस पावन माटी को चुना जिसे आज हम अपना घर कहते हैं।

सामाजिक एकता का सूत्र: सन् 1605 में हुई यह पुनर्स्थापना केवल एक बसावट नहीं थी, बल्कि एक नई चेतना का जन्म था। महंत जी के सानिध्य में गाँव के सामाजिक नियमों की रूपरेखा बनी, जिसने आपसी भाईचारे और सामूहिकता को जन्म दिया।

4. स्मृति और वास्तविकता के बीच का सेतु

ढीगथलपुर का उजड़ना जहाँ समय के गर्भ में छिपा एक 'रहस्य' है, वहीं सन् 1605 में रामनगर का बसना एक प्रामाणिक 'सत्य' है। इन दोनों के बीच का जो डेढ़ किलोमीटर का फासला है, वही हमारे पूर्वजों के धैर्य और जीवटता का प्रमाण है। भले ही हमारे पास ढीगथलपुर के पतन की सटीक तारीखें न हों, लेकिन हमारे पास महंत जय रामदास जी की विरासत के रूप में एक जीवंत और गौरवशाली गाँव मौजूद है।

निष्कर्ष

अध्याय 2 हमें बताता है कि रामनगर का जन्म शून्यता से नहीं, बल्कि ढीगथलपुर के अनुभवों से हुआ है। 1605 की वह पुनर्स्थापना ही वह क्षण था जब हमारे समाज ने एक नई

और स्थायी पहचान ओढ़ी। यह अध्याय उन पूर्वजों को नमन करता है जिन्होंने अनिश्चितता के दौर में भी अपनी सांस्कृतिक निरंतरता को टूटने नहीं दिया और महंत जय रामदास जी के आशीर्वाद से रामनगर को एक ऐतिहासिक पहचान दी।

अध्याय - 2: रामनगर का प्राचीन मंदिर, शिक्षा परंपरा और पाठशाला

रामनगर की पहचान केवल उसकी भौगोलिक सीमाओं से नहीं, बल्कि इसकी समृद्ध आध्यात्मिक और शैक्षणिक विरासत से रही है। उपलब्ध ऐतिहासिक अभिलेखों, मौखिक परंपराओं तथा न्यायालयीन दस्तावेज़ों से यह स्पष्ट होता है कि रामनगर की स्थापना के प्रारंभिक काल में ही यहाँ मंदिर का निर्माण कर दिया गया था। यह तथ्य इस बात का प्रमाण है कि यह गाँव धार्मिक-आध्यात्मिक चेतना

के साथ विकसित हुआ।

चित्र 3: लेखक प्राचीन मंदिर में अपने पोते भावेश वैष्णव के साथ परमात्मा के चरणों मे

1. प्राचीन मंदिर: गाँव की आस्था का केंद्र

गाँव के केंद्र में स्थित यह मंदिर रामनगर की आत्मा रहा है। ऐतिहासिक दस्तावेजों में इस मंदिर का प्राचीन उल्लेख इस सत्य की पुष्टि करता है कि रामनगर का विकास भक्ति

और शक्ति के संतुलन के साथ हुआ। यह मंदिर केवल एक पूजा-स्थल नहीं, बल्कि गाँव के सामूहिक संकल्पों और संस्कारों का साक्षी रहा है।

2. वेदांत शिक्षा परंपरा: ज्ञान का प्रकाश

रामनगर का यह मंदिर क्षेत्र में वेदांत शिक्षा का एक प्रमुख केंद्र भी रहा। यहाँ केवल प्रार्थना ही नहीं होती थी, बल्कि शास्त्रों का गहन अध्ययन भी कराया जाता था:

शास्त्री एवं आचार्य प्रशिक्षण: यहाँ योग्य विद्यार्थियों को 'शास्त्री' और 'आचार्य' के रूप में दीक्षित और प्रशिक्षित किया जाता था।

विद्यार्थियों का आगमन: इस पाठशाला की ख्याति इतनी थी कि दूर-दराज के गाँवों से विद्यार्थी यहाँ आकर निवास करते और शिक्षा ग्रहण करते थे। रामनगर उस दौर में बौद्धिक विमर्श और शास्त्रीय ज्ञान की एक महत्वपूर्ण पीठ बन चुका था।

चित्र संख्या 1: ग्राम रामनगर के प्राचीन मंदिर में ईष्ट देव के श्रीचरणों में आशीर्वाद ग्रहण करते लेखक नरेश दास वैष्णव निम्बार्क

अपने पौत्र भावेश वैष्णव के साथ। (दादा-पौत्र की परंपरा और संस्कारों का संगम)

3. पाठशाला और धर्मशाला: सेवा के स्तंभ

मंदिर परिसर के साथ पाठशाला और धर्मशाला का होना यह दर्शाता है कि यह स्थान शिक्षा, साधना और सेवा–तीनों का संगम था।

पाठशाला: यहाँ नियमित रूप से वैदिक और शास्त्रीय अध्ययन की परंपरा थी, जिसने गाँव की बौद्धिक नींव को मजबूत किया।

धर्मशाला: इसका उपयोग यात्रियों, भ्रमणशील साधुओं और विद्यार्थियों के ठहराव के लिए किया जाता था। यह रामनगर की 'अतिथि देवो भवः' की संस्कृति का जीवंत उदाहरण थी।

प्याऊ की व्यवस्था: सरकारी और सामाजिक दस्तावेजों में 'प्याऊ' का बार-बार उल्लेख यह दर्शाता है कि राहगीरों को शीतल जल उपलब्ध कराना ग्राम व्यवस्था का एक अनिवार्य हिस्सा था।

4. सामूहिक ग्राम व्यवस्था का प्रमाण

अभिलेखों में प्याऊ, धर्मशाला और मंदिर का निरंतर उल्लेख यह सिद्ध करता है कि

यह पूरी व्यवस्था सामूहिक ग्राम प्रबंधन के अंतर्गत संचालित होती थी। सेवा को यहाँ सर्वोच्च स्थान दिया गया था। यात्रियों को जल उपलब्ध कराना, उनके विश्राम की व्यवस्था करना और नि:शुल्क शिक्षा देना रामनगर की प्राचीन और उदार संस्कृति का हिस्सा रहा है।

निष्कर्ष

अध्याय 3 हमें यह समझाता है कि रामनगर की प्राचीन संस्कृति में भक्ति और ज्ञान साथ-साथ चलते थे। जहाँ एक ओर मंदिर से श्रद्‌धा की धारा बहती थी, वहीं पाठशाला से ज्ञान का प्रकाश फैलता था। आज के आधुनिक युग में, यह अध्याय हमें अपनी उस महान सेवाभावी विरासत की याद दिलाता है, जिसने रामनगर को एक 'संस्कार केंद्र' के रूप में प्रतिष्ठित किया।

अध्याय - 3*रामनगर: प्रशासनिक परिचय, ऐतिहासिक विस्थापन एवं पुनर्बसावट*

प्रस्तावना:

भारतवर्ष का प्रत्येक प्राचीन ग्राम अपने भीतर इतिहास की अनेक परतें समेटे हुए है। ग्राम रामनगर भी ऐसा ही एक ऐतिहासिक स्थल है, जिसकी पहचान केवल उसकी वर्तमान प्रशासनिक संरचना तक सीमित नहीं है, बल्कि इसकी जड़ें महाभारतकालीन परंपराओं और सनातन चेतना की गहराईयों से जुड़ी हुई हैं।

महाभारतकालीन संदर्भ और स्वर्णप्रस्थ:

यह क्षेत्र ऐतिहासिक रूप से उस पावन भू-भाग का हिस्सा है जिसका उल्लेख महाभारत के प्रसंगों में मिलता है। जब भगवान श्रीकृष्ण ने पांडवों के लिए कौरवों से पाँच ग्रामों की माँग की थी, तब उन पाँच ग्रामों में क्रमशः इंद्रप्रस्थ (दिल्ली), स्वर्णप्रस्थ (सोनीपत), पनप्रस्थ (पानीपत), बागप्रस्थ (बागपत) तथा तिलप्रस्थ (तिलपत) सम्मिलित थे। "रामनगर: एक प्रशासनिक एवं भौगोलिक परिचय" का एक पूर्ण विवरण नीचे तैयार किया गया है।

इसे आप अपने शोध अध्याय में सीधे उपयोग कर सकते हैं:

रामनगर: प्रशासनिक एवं भौगोलिक परिचय

रामनगर (कोड: 6), हरियाणा के सोनीपत जिले की गन्नौर तहसील का एक ऐतिहासिक और जीवंत गाँव है। प्रशासनिक और राजनीतिक दृष्टिकोण से इसकी स्थिति निम्नलिखित है:

ब्लॉक/खंड: मुरथल

तहसील: गन्नौर

जिला: सोनीपत

संसदीय क्षेत्र: सोनीपत

विधानसभा क्षेत्र: गन्नौर

पिन कोड: 131039

प्रशासनिक इकाई: ग्राम पंचायत (रामनगर)

भौगोलिक सीमाएँ एवं पड़ोसी गाँव

रामनगर की भौगोलिक अवस्थिति इसे क्षेत्र के अन्य महत्वपूर्ण गाँवों से जोड़ती है। इसकी सीमाएँ निम्नलिखित गाँवों के साथ लगती हैं, जो इसके सामाजिक और ऐतिहासिक विन्यास का हिस्सा रहे हैं:

उमेदगढ़

घसौली

सनपेड़ा

पीपली खेड़ा

धतूरी

मलिकपुर

जनसांख्यिकी एवं आधारभूत संरचना (2011 की जनगणना के अनुसार)

ऐतिहासिक साक्ष्यों के साथ-साथ वर्तमान आंकड़े बताते हैं कि रामनगर एक संगठित समाज रहा है:

कुल परिवार: लगभग 508 परिवार।

कुल जनसंख्या: 2,874 (2011 जनगणना)।

शैक्षिक संस्थान: गाँव में शिक्षा की नींव पुरानी है। राजकीय प्राथमिक पाठशाला (GPS Ram Nagar) की स्थापना 1954 में हुई थी, जबकि राजकीय उच्च विद्यालय (GHS Ram Nagar) गाँव के बच्चों के उज्जवल भविष्य का केंद्र बना हुआ है।

दूरी: यह गन्नौर से लगभग 10-17 किमी और जिला मुख्यालय सोनीपत से 21 किमी की दूरी पर स्थित है।

लेखक की टिप्पणी (नोट):

"रामनगर केवल भौगोलिक सीमाओं में बंधा एक भूखंड नहीं है, बल्कि यह उन 422 वर्षों के संघर्ष और विकास की गाथा है, जिसका उल्लेख इस पुस्तक के आगामी पृष्ठों में किया गया है। पड़ोसी गाँवों के साथ इसके संबंधों ने यहाँ की संस्कृति और विस्थापन के इतिहास को प्रभावित किया है।"

इन्हीं में से एक 'स्वर्णप्रस्थ' कालांतर में 'सोनीपत' के नाम से विख्यात हुआ। प्रशासनिक विकास के क्रम में, सोनीपत वर्ष 1972 तक रोहतक जिले का हिस्सा रहा और तदुपरांत एक स्वतंत्र जिले के रूप में स्थापित हुआ। ग्राम रामनगर इसी ऐतिहासिक स्वर्णप्रस्थ की परिधि में विकसित हुआ एक गौरवशाली ग्राम है।

प्रशासनिक एवं भौगोलिक अवस्थिति:

वर्तमान में ग्राम रामनगर, हरियाणा राज्य के सोनीपत जिले की गन्नौर तहसील के अंतर्गत आता है। भौगोलिक दृष्टि से यह ग्राम जिला मुख्यालय सोनीपत से लगभग 25 किलोमीटर और तहसील मुख्यालय गन्नौर से लगभग 10 किलोमीटर की दूरी पर स्थित है।

यमुना के निकटवर्ती मैदानी क्षेत्र में स्थित होने के कारण यहाँ की भूमि कृषि और आध्यात्मिकता दोनों के लिए अत्यंत उर्वर रही है।

विस्थापन का इतिहास: प्राचीन खेड़ा डिगथलपुर:

ग्राम रामनगर के इतिहास का सबसे महत्वपूर्ण और प्रामाणिक साक्ष्य ग्राम में स्थापित प्राचीन 'सूचना शिलापट्ट' है। लोक-परंपरा और इस शिलापट्ट पर अंकित विवरण के अनुसार, आज से लगभग 422 वर्ष पूर्व (सन् 1605 के आसपास), वर्तमान रामनगर से लगभग डेढ़ किलोमीटर की दूरी पर *"खेड़ा डिगथलपुर"* नामक एक समृद्ध गाँव बसा हुआ था।

जनश्रुतियों के अनुसार, किसी भीषण प्राकृतिक आपदा या महामारी के कारण वह प्राचीन खेड़ा उजड़ गया। उस समय वहां निवास करने वाले परिवारों को विस्थापित होना पड़ा। विस्थापन के बाद लोग विभिन्न दिशाओं में गए, जिनमें से हमारे पूर्वज सोहटी (सोनीपत) की ओर चले गए।

पुनर्बसावट और रामनगर का उदय:

विस्थापन की इस लंबी प्रक्रिया के बाद, जब समय अनुकूल हुआ, तो पूर्वजों ने अपनी मूल भूमि के निकट ही वर्तमान स्थान पर पुनः बसने का संकल्प लिया। सन् 1605 के आसपास जब रामनगर की नींव पड़ी, तब विस्थापित परिवार वापस आए। हमारे पूर्वज महंत जयराम दास जी सन् 1611 में यहाँ आए, जिन्होंने 'दादा दामोदर दास' की पावन गादि को स्थापित कर गाँव को आध्यात्मिक दिशा प्रदान की।

ऐतिहासिक साक्ष्य: राजस्व मानचित्र और आधुनिक तकनीक:

रामनगर की ऐतिहासिक निरंतरता को समझने के लिए दो प्रमुख आधार स्तंभ हैं:

1. *प्राचीन शजरा (राजस्व मानचित्र):* यह हस्तलिखित प्राचीन मानचित्र ग्राम की मूल बसावट और पुराने मार्गों को प्रमाणित करता है।

2. *डिजिटल उपग्रह मानचित्र (Satellite Maps):* आधुनिक तकनीक के माध्यम से आज भी प्राचीन खेड़ा डिगथलपुर के अवशेषों

और वर्तमान रामनगर की भौगोलिक दूरी को स्पष्ट रूप से देखा जा सकता है।

निष्कर्ष:

इस प्रकार रामनगर का इतिहास केवल एक वर्तमान ग्राम का विवरण नहीं, बल्कि महाभारतकालीन भूगोल, मध्यकालीन विस्थापन और आधुनिक पुनर्बसावट की एक संयुक्त गाथा है। यह अध्याय उस नींव को स्पष्ट करता है जिस पर ग्राम की भव्य इमारत खड़ी है।

अध्याय - 4 दादा खेड़ा: ग्राम्य सनातन परंपरा का ऐतिहासिक एवं सांस्कृतिक अध्ययन

प्रस्तावना:

भारतीय ग्राम्य सभ्यता में कुछ संस्थान ऐसे हैं जो शास्त्रों में कम, किंतु लोक-स्मृति में अत्यंत सुदृढ़ रूप से विद्यमान रहते हैं। 'दादा खेड़ा' इसी प्रकार की एक प्राचीन ग्राम-परंपरा है, जिसका अस्तित्व लिखित इतिहास से भी पूर्व का माना जाता है। हरियाणा, दिल्ली, पश्चिमी उत्तर प्रदेश और राजस्थान के अंचलों में दादा खेड़ा का लगभग प्रत्येक गाँव में पाया जाना, इसकी व्यापकता और ऐतिहासिक निरंतरता को प्रमाणित करता है।

सांस्कृतिक एवं भौगोलिक मूल:

लोक-अध्ययन (Folklore Studies) के अनुसार, दादा खेड़ा मूलतः ग्राम-स्थापना केंद्र (Settlement Core) से जुड़ा हुआ है। ऐतिहासिक दृष्टि से, जब कोई नया गाँव बसाया जाता था, तो सबसे पहले जिस स्थान को पवित्र मानकर चिह्नित किया जाता था,

वही आगे चलकर दादा खेड़ा कहलाया। यह उस भूमि की 'प्रथम चेतना' का प्रतीक है।

शब्द-विश्लेषण और अवधारणा:

'दादा नगर खेड़ा' शब्द अपने आप में एक संपूर्ण सामाजिक और आध्यात्मिक अर्थ समेटे हुए है:

दादा: ग्राम-देवता, संरक्षक शक्ति अथवा पूर्वज-चेतना।

नगर: मानव बसाहट या संगठित सामाजिक इकाई।

खेड़ा: गाँव का मूल, प्रारंभिक या केंद्रीय स्थल।

इस प्रकार, दादा खेड़ा ग्राम-रक्षक देवत्व की वह अवधारणा है जो गाँव की सीमाओं और निवासियों की सुरक्षा सुनिश्चित करती है।

निर्मूर्त उपासना: एक जीवंत परंपरा:

इतिहासकारों एवं समाजशास्त्रियों के अनुसार, उत्तर भारत के ग्रामीण क्षेत्रों में लंबे समय तक 'निर्मूर्त उपासना'

(बिना मूर्ति के पूजा) की परंपरा प्रचलित रही। दादा खेड़ा का बिना किसी विशिष्ट मूर्ति या चित्र के होना इसी प्राचीन परंपरा का जीवंत

उदाहरण है। यह इस तथ्य का संकेत है कि ग्राम समाज ने ईश्वर को किसी एक भौतिक रूप में सीमित नहीं किया, बल्कि उसे एक सर्वव्यापक 'भूमि-शक्ति' के रूप में स्वीकार किया।

सामाजिक समरसता का केंद्र:

दादा खेड़ा की सबसे बड़ी विशेषता इसकी 'सर्वव्यापकता' है। यह किसी एक जाति, वर्ग या संप्रदाय का नहीं, बल्कि समस्त ग्राम समुदाय का साझा आस्था-स्थल है। जन्म, विवाह या अन्य मांगलिक कार्यों पर यहाँ मत्था टेकना अनिवार्य माना जाता है, जो सामाजिक एकता, अनुशासन और नैतिक नियंत्रण का एक सशक्त माध्यम रहा है।

रामनगर में दादा खेड़ा की महत्ता:

रामनगर के संदर्भ में दादा खेड़ा का अस्तित्व गाँव की सामूहिक स्मृति और स्थापना के संकल्प से जुड़ा हुआ है। लोक-स्मृति के अनुसार, यह स्थल वर्तमान बसावट से पूर्व से ही पूज्य रहा है। यहाँ प्रतिवर्ष होने वाले भंडारे, प्रत्येक रविवार की ज्योत तथा विशेष त्योहारों पर सामूहिक पूजन की परंपरा

आज भी अक्षुण्ण है। यह निरंतरता सिद्ध करती है कि 422 वर्षों के इतिहास में भले ही कई बदलाव आए हों, लेकिन गाँव की आध्यात्मिक धुरी (Axis) आज भी वही है।

अध्याय 5 रामनगर में शिक्षा और संस्कारों का संगम: संस्कार मोंटेसरी स्कूल

संस्थापक/प्रिंसिपल: श्री सुनील ढाका जी

रामनगर का इतिहास केवल युद्धों और प्राचीन परंपराओं तक सीमित नहीं है, बल्कि यह भविष्य के निर्माण की गाथा भी है। गाँव के पूजनीय स्थल 'दादा खेड़े' के सानिध्य में स्थित 'मोंटसरी संस्कार स्कूल' आज की युवा पीढ़ी को आधुनिक शिक्षा के साथ-साथ हमारी जड़ों से जोड़ने का कार्य कर रहा है।

एक आधुनिक और संस्कारित विजन

स्कूल के प्रिंसिपल, श्री सुनील ढाका जी, एक ऐसे शिक्षाविद् के रूप में उभर कर आए हैं, जिनका मानना है कि शिक्षा केवल किताबी ज्ञान नहीं, बल्कि चरित्र निर्माण का साधन है। दादा खेड़े की पवित्र छाया में स्कूल का होना ही इसकी सात्विकता और अनुशासन को दर्शाता है। सुनील ढाका जी के नेतृत्व में इस संस्थान ने बहुत कम समय में अपनी एक विशिष्ट पहचान बनाई है।

शिक्षा के माध्यम से समाज सेवा

सुनील ढाका जी का दृष्टिकोण केवल व्यावसायिक नहीं है। वह रामनगर और आसपास के क्षेत्र के बच्चों को ऐसी शिक्षा प्रदान करने के लिए प्रतिबद्ध हैं, जिसमें मोंटसरी पद्धति की आधुनिकता और भारतीय संस्कृति के संस्कार समाहित हों। उनके मार्गदर्शन में विद्यार्थी न केवल शैक्षणिक क्षेत्र में बल्कि खेलकूद और सांस्कृतिक गतिविधियों में भी गाँव का नाम चित्र संख्या 1: शिक्षा के नवीन सोपान: संस्कार मोंटेसरी स्कूल के स्थापना वर्ष के प्रथम वार्षिकोत्सव में मुख्य अतिथि के रूप में सम्बोधित करते लेखक नरेश दास वैष्णव निम्बार्क; विद्यार्थियों को जीवन मूल्यों और संस्कारों का बोध कराते हुए। रोशन कर रहे हैं।

इतिहास के पन्नों में स्थान

जब हम रामनगर के 422 वर्षों के इतिहास को संकलित करते हैं, तो शिक्षा के क्षेत्र में आए इस सकारात्मक बदलाव का उल्लेख करना अनिवार्य हो जाता है।

चित्र संख्या 1: शिक्षा के नवीन सोपान: संस्कार मोंटेसरी स्कूल के स्थापना वर्ष के

प्रथम वार्षिकोत्सव में मुख्य अतिथि के रूप में सम्बोधित करते लेखक नरेश दास वैष्णव निम्बार्क; विद्यार्थियों को जीवन मूल्यों और संस्कारों का बोध कराते हुए।

सुनील ढाका जी जैसे ऊर्जावान व्यक्तित्व के कारण ही आज गाँव के बच्चे प्रगति की राह पर अग्रसर हैं।

अध्याय - 6 संपूर्ण वैष्णव बैरागी समाज की कुलगुरु परंपरा

(चतु: संप्रदाय, 52 द्वार एवं 18 अखाड़ों की सनातन व्यवस्था के अंतर्गत)

प्रस्तावना:

सनातन वैष्णव परंपरा में 'कुलगुरु' केवल एक व्यक्ति या पद का नाम नहीं है, बल्कि यह समाज की आस्था, मर्यादा और आध्यात्मिक चेतना का जीवंत स्वरूप है। वैष्णव बैरागी समाज में गुरु को भगवान का प्रत्यक्ष प्रतिनिधि माना गया है, क्योंकि गुरु ही वह प्रकाश पुंज है जो जीव को अंधकार से निकालकर भक्ति के मार्ग पर अग्रसर करता है।

सांप्रदायिक एवं संगठनात्मक ढांचा:

भारत की महान सनातन धार्मिक व्यवस्था में वैष्णव परंपरा का संचालन मुख्य रूप से चतु: संप्रदाय, 52 द्वार और 18 अखाड़ों के माध्यम से होता आया है। इन्ही संप्रदायों और अखाड़ों के अनुशासन के भीतर कुलगुरु समाज को साधना, सेवा, वैराग्य और संयम का मार्ग दिखाते हैं।

कुलगुरु वंश परंपरा (ऐतिहासिक एवं पूज्य क्रम):

वैष्णव बैरागी समाज की कुलगुरु परंपरा को निम्नलिखित क्रम में अत्यंत श्रद्धा और सम्मान के साथ स्मरण किया जाता है:

पूज्य तोताराम दास जी: आप संपूर्ण वैष्णव बैरागी समाज के सर्वोच्च एवं प्रथम कुलगुरु के रूप में प्रतिष्ठित हैं। आपका जीवन त्याग और अनन्य भक्ति का शिखर रहा है।

पूज्य श्री गोकुलदास जी (पुत्र): आपने पूज्य तोताराम दास जी की विरासत को संभाला और समाज में भक्ति मार्ग को दृढ़ किया।

पूज्य श्री कल्याण दास जी: आपका जीवन सेवा और साधना के बीच एक आदर्श संतुलन का प्रतीक रहा है।

पूज्य श्री राम लखन दास जी (पुत्र): आपके ओजस्वी मार्गदर्शन में समाज ने अनुशासन और मर्यादा के नए आयाम स्थापित किए।

पूज्य श्री तुलसीदास जी (पुत्र): आपने कुलगुरु परंपरा को आधुनिक समय की चुनौतियों के अनुरूप ढालते हुए नई पीढ़ी को संस्कारों से जोड़ा।

पूज्य श्री विशाल दास जी एवं पूज्य श्री मोहित दास जी (वर्तमान): वर्तमान समय में संपूर्ण वैष्णव बैरागी समाज इन्हीं के सान्निध्य में अपनी आध्यात्मिक यात्रा जारी रखे हुए है।

आस्था और जीवन दर्शन:

कुलगुरु परंपरा ने समाज को सिखाया है कि भक्ति केवल पूजा नहीं, बल्कि एक जीवन पद्धति है; वैराग्य पलायन नहीं, बल्कि विवेक है; और सेवा ही सच्ची साधना है। यही कारण है कि समाज में कुलगुरु का स्थान माता-पिता से भी ऊपर माना गया है।

उपसंहार:

चतु: संप्रदाय की मर्यादाओं में बँधी यह कुलगुरु परंपरा आज भी भारतीय संस्कृति और धर्म की रक्षक है। यह केवल अतीत का इतिहास नहीं, बल्कि भविष्य के लिए आध्यात्मिक शक्ति का एक अक्षय स्रोत है।

अध्याय 7: पारंपरिक प्रशासनिक विरासत: नंबरदार और चौकीदार

रामनगर के इतिहास में नंबरदारी और चौकीदारी व्यवस्था का विशेष महत्व रहा है। जहाँ नंबरदार राजस्व (टैक्स) वसूली और गाँव के मुखिया के रूप में कार्य करते थे, वहीं चौकीदार गाँव की सुरक्षा और सूचना के मुख्य माध्यम थे।

1. नंबरदार परंपरा: गाँव की प्रशासनिक धुरी

पुराने समय में जब ज़मीन पर लगान और 'चूल्हा टैक्स' लिया जाता था, तब नंबरदार ही सरकारी तंत्र और ग्रामीण जनता के बीच का सेतु होते थे। रामनगर में विभिन्न समुदायों से नंबरदार नियुक्त किए गए, जो सामाजिक सामंजस्य का प्रतीक थे।

वैष्णव बैरागी नंबरदार:

श्री भगवाना बैरागी जी

श्री राजा बैरागी जी

श्री जोहरी बैरागी जी

श्री सुभाष बैरागी जी (वर्ष 2010 से नियुक्त - लेखक के अनुज)

ब्राह्मण नंबरदार:

श्री पंडित लेखराम जी

श्री पंडित रामदयाल जी

श्री पंडित राम सिंह जी

श्री पंडित सत्यनारायण जी

अन्य समुदायों से नंबरदार:

श्री टेकन वाल्मीकि जी

श्री सुरता चमार जी

(नोट: नंबरदारी प्रथा ऐतिहासिक रूप से राजस्व प्रबंधन के लिए अत्यंत महत्वपूर्ण थी, जिसने गाँव के आर्थिक ढांचे को व्यवस्थित रखा।)

चित्र संख्या 1: लेखक के अनुज एवं ग्राम रामनगर के वर्तमान नंबरदार श्री सुभाष स्वामी; जो परिवार की सामाजिक प्रतिष्ठा और प्रशासनिक विरासत को निरंतर आगे बढ़ा रहे हैं।

2. चौकीदार परंपरा: गाँव के सजग प्रहरी

चौकीदार गाँव की सुरक्षा और सरकारी सूचनाओं को पहुँचाने के लिए उत्तरदायी थे। रामनगर में चौकीदारी की यह जिम्मेदारी पीढ़ी-

दर-पीढ़ी विभिन्न निष्ठावान व्यक्तियों ने निभाई।

श्री नथू लीलगर जी (प्रारंभिक दौर)

श्री पंडित वजीरा जी

श्री नथू लीलगर जी (पुनः सेवा काल)

श्री रामा झीमर जी

श्री भरतु कुम्हार जी

श्री जागा लीलगर जी

श्री मनसब लीलगर जी

श्री नवीन लीलगर जी (आधुनिक काल)

लेखक की विशेष टिप्पणी के लिए सुझाव:

श्रीमान, जैसा कि आपने दलाली वाली बात कही, हम उसे सीधे तौर पर न लिखकर "ऐतिहासिक परिप्रेक्ष्य" के रूप में इस प्रकार लिख सकते हैं:

"नंबरदारी प्रथा का उदय मुगल और ब्रिटिश काल की कर-व्यवस्था (Taxation) को सुचारू बनाने के लिए हुआ था। यद्यपि यह व्यवस्था शासकों के हितों की पूर्ति के लिए बनाई गई थी, परंतु गाँव के भीतर इन नंबरदारों ने एक मजबूत सामाजिक और प्रशासनिक ढांचे को

बनाए रखने में अपनी महत्वपूर्ण भूमिका निभाई।"

अध्याय - 8 एक पूर्व सैनिक का साहित्यिक संकल्प

स्वर्णप्रस्थ से रामनगर तक:

द्वापर युग में आज से अनुमानित साढ़े पाँच हजार वर्ष पूर्व, महाभारत का युद्ध टालने की दृष्टि से भगवान श्री कृष्ण ने पांडवों की ओर से जिन पाँच गाँवों की माँग की थी, उनमें से एक था 'स्वर्णप्रस्थ'। यही स्वर्णप्रस्थ आज का सोनीपत ज़िला है। इसी ज़िले की गन्नौर तहसील में, जी.टी. नेशनल हाईवे के समीप स्थित एक सामान्य सा किंतु ऐतिहासिक गाँव है–"रामनगर"। यह पुस्तक 'रामनगर: तब और अब' के इतिहास में झाँकने का एक विनम्र प्रयास है।

लेखक का व्यक्तित्व और दर्शन:

इस पुस्तक के स्वप्नद्रष्टा भारतीय सेना से निवृत्त श्री नरेश दास वैष्णव निम्बार्क हैं। वैष्णव संप्रदाय के एक साधारण किंतु अत्यंत संस्कारवान कृषक परिवार में जन्मे श्री नरेश जी ने सेना से सेवानिवृत्त होते ही स्वयं को समाज के उत्थान और ऐतिहासिक शोध में समर्पित कर दिया।

उनका सबसे उल्लेखनीय पहलू उनकी 'निष्काम कर्म' की भावना है। वे 'चंदा वसूली' और आर्थिक सहयोग जैसे विवादों से पूरी तरह दूर रहकर, समाज के लिए जो भी कार्य करते हैं, वह अपनी स्वयं की संचित पूँजी और सामर्थ्य से करते हैं। अपनी लेखनी और सामाजिक कार्यक्रमों के लिए उन्होंने कभी किसी बाहरी आर्थिक सहयोग को स्वीकार नहीं किया, जो उनकी सत्यनिष्ठा का प्रमाण है।

पारिवारिक परिवेश और जड़ें:

रामनगर श्री नरेश जी का पैतृक गाँव है, जहाँ वे अपने तीन भाइयों के साथ एक ही मोहल्ले में संयुक्त और सुखी परिवार के रूप में निवास करते हैं। उनके द्वारा निर्मित निजी मंदिर में परिवार द्वारा सेवित माँ दुर्गा विराजित हैं, जिनकी कृपा पूरे परिवार पर बनी हुई है। परिवार के सभी सदस्य अपने निजी व्यापार और कृषि कार्यों को कुशलतापूर्वक संभाल रहे हैं, जिससे उन्हें अपनी साहित्यिक और सामाजिक रुचियों के लिए मानसिक स्वतंत्रता प्राप्त होती है।

लेखन का जुनून: बंदूक से कलम तक:

सेना से निवृत्ति के बाद लेखन उनका एक सात्विक शौक बन गया है। वे स्वयं को किसी साहित्यकार की श्रेणी में नहीं रखते और न ही उनकी किसी साहित्यिक पुरस्कार की लालसा है। वे नियमों के बंधनों से परे होकर अपनी वैयक्तिक रुचियों और ऐतिहासिक सत्यों पर बेबाकी से लिखते हैं।

अपने गाँव रामनगर का इतिहास खँगालना और उसे प्रमाणिकता के साथ भावी पीढ़ी के सामने रखना ही इस पुस्तक के लेखन का मूल कारण है। इस कार्य के पीछे उनका एक ही 'जुनून' है–तथ्यों को जुटाना, उन्हें छपवाना और फिर परिचितों व जिज्ञासुओं के बीच निशुल्क वितरित करना। वे अपनी जन्मभूमि के प्रति इतने समर्पित हैं कि ऐतिहासिक प्रमाणिकता के लिए वे 'जमीन-आसमान एक' करने का हौसला रखते हैं।

चित्र संख्या 1: विश्व शांति हेतु कर्तव्य पथ पर: फरवरी 2000 में भारतीय वायु सेना के विशेष विमान के साथ संयुक्त राष्ट्र मिशन में शामिल होने के दौरान लेखक नरेश दास वैष्णव निम्बार्क।

निष्कर्ष:

यह पुस्तक किसी व्यावसायिक उद्देश्य से नहीं, बल्कि एक पूर्व सैनिक की अपनी मिट्टी के प्रति सुगंधित भावनाओं का परिणाम है। यह एक ऐसे व्यक्तित्व की कहानी है जिसने सीमाओं की रक्षा के बाद अब अपनी संस्कृति और इतिहास की रक्षा का मोर्चा संभाला है।

अध्याय 9: रामनगर की लोकतांत्रिक वंशावली (कार्यकाल एवं समय-रेखा)

इस अध्याय में उन महानुभावों का विवरण है जिन्होंने 1953-54 से लेकर आज तक रामनगर के प्रशासनिक विकास की बागडोर संभाली।

खंड 1: संयुक्त पंजाब एवं प्रारंभिक काल (आजादी के पश्चात)

स्वतंत्रता के बाद जब पंचायती राज की नींव रखी गई, तब रामनगर और धतूरी की संयुक्त पंचायत हुआ करती थी।

श्री पंडित झंडू जी (सरपंच कार्यकाल: 1953-54) - रामनगर के प्रथम लोकतांत्रिक सरपंच।

श्री पंडित रामदयाल जी (प्रथम कार्यकाल: 1959-60)

श्री पंडित रामदयाल जी (द्वितीय कार्यकाल: 1964-65)

खंड 2: हरियाणा राज्य का उदय एवं विकास काल

1 नवंबर 1966 को हरियाणा राज्य बनने के बाद गाँव में नई राजनीतिक चेतना का संचार हुआ।

4. श्री पंडित भीम सिंह जी (सरपंच कार्यकाल: 1969-70)

5. श्री पंडित दयानंद जी (सरपंच कार्यकाल: 1978-79)

6. श्री पंडित दयानंद जी (सरपंच कार्यकाल: 1984-85)

7. श्री पंडित प्रेम जी (सरपंच कार्यकाल: 1989)

खंड 3: पंचायती राज अधिनियम 1994 और आधुनिक काल

73वें संविधान संशोधन (1992) और हरियाणा पंचायती राज अधिनियम (1994) के बाद आरक्षण और निश्चित कार्यकाल की व्यवस्था लागू हुई।

8. श्री पंडित रामकिशन जी (सरपंच कार्यकाल: 1992-93)

9. श्री लख्मी जोगी जी (सरपंच कार्यकाल: 1994-95) - नये अधिनियम के तहत प्रथम सरपंच।

10. श्री करम सिंह बैरागी जी (सरपंच कार्यकाल: 1999-2000)

11. श्रीमती शरबती (धर्मपत्नी श्री भैया राम जी) (कार्यकाल: 2005-06) - प्रथम महिला सरपंच।

12. श्रीमती मीना बैरागी (धर्मपत्नी डॉ. रामवीर बैरागी) (कार्यकाल: 2010-11)

13. श्री जगदीश बैरागी जी (सरपंच कार्यकाल: 2016-17)

14. श्रीमती सुदेश कुमारी (धर्मपत्नी श्री बलराज छोक्कर जी) (कार्यकाल: 2022 से वर्तमान)

अध्याय 10: विकास के हस्ताक्षर (सरपंचों का ऐतिहासिक योगदान)

रामनगर के विकास का इतिहास यहाँ के नेतृत्व के विजन और सेवा भाव का परिणाम है। हर सरपंच ने अपनी क्षमता और समय के अनुसार गाँव की उन्नति में योगदान दिया है।

1. शिक्षा और स्वास्थ्य की नींव (प्रारंभिक दौर)

श्री पंडित झंडू जी (1953-54): आपने गाँव में शिक्षा की पहली मशाल जलाई। 1954 में प्रथम प्राइमरी स्कूल का निर्माण आपके कार्यकाल की सबसे बड़ी उपलब्धि रही।

श्री पंडित रामकिशन जी (1992-93): आपने पशु अस्पताल (Veterinary Hospital) का निर्माण करवाकर किसानों और पशुपालकों की एक बहुत पुरानी समस्या का समाधान किया।

2. सामाजिक समरसता और आधुनिक ढांचा

श्री करम सिंह बैरागी जी (1999-2000): आपने पिछड़ा वर्ग (BC) चौपाल और तकनीक की दिशा में ई-चौपाल (e-Chaupal) का निर्माण करवाया।

श्रीमती मीना बैरागी (2010-11): आपके कार्यकाल में कश्यप चौपाल और वाल्मीकि चौपाल का निर्माण हुआ। साथ ही, स्कूल की 2 एकड़ भूमि की चारदीवारी करवाकर आपने शैक्षणिक परिवेश को सुरक्षित किया।

3. युवा सशक्तिकरण और आधुनिक सुविधाएं

श्री जगदीश बैरागी जी (2016-17): आपका कार्यकाल आधुनिक सुविधाओं के लिए याद किया जाएगा। आपने 2 एकड़ का विशाल योगा पार्क बनवाया, गाँव में गैस एजेंसी की शुरुआत करवाई और स्कूल में बड़ा हॉल, जिम व 7 नए कमरों का निर्माण करवाया।

4. वर्तमान नेतृत्व और सुदृढ़ीकरण (2022 से वर्तमान)

श्रीमती सुदेश कुमारी (धर्मपत्नी श्री बलराज छोक्कर जी): वर्तमान सरपंच के रूप में आपका कार्यकाल गाँव की मौजूदा सुविधाओं को सुदृढ़ करने और नए सामाजिक केंद्रों के निर्माण के लिए समर्पित है। आपके कार्यकाल की मुख्य उपलब्धियाँ निम्नलिखित हैं:

योगा पार्क का कायाकल्प: योगा पार्क में लैट्रिन-बाथरूम और पानी की उचित व्यवस्था करवाई गई। साथ ही, पार्क में सौंदर्यकरण हेतु पत्थर लगवाना और दरवाजों की मरम्मत का कार्य पूर्ण किया गया।

सामाजिक एवं सांस्कृतिक भवन: अंबेडकर पार्क में भव्य भवन का निर्माण और महिलाओं के लिए 'महिला सांस्कृतिक केंद्र' का निर्माण करवाया गया, जो गाँव की सामाजिक एकता को बढ़ावा दे रहे हैं।

चित्र संख्या 1: ग्राम रामनगर की वर्तमान सरपंच श्रीमती सुदेश कुमारी एवं उनके पति श्री बलराज छोक्कर; गाँव की प्रशासनिक व्यवस्था और प्रगतिशील नेतृत्व के प्रतीक।

बुनियादी ढांचा: गाँव में नई गलियों का निर्माण, पानी की निकासी (Drainage) की सुचारू व्यवस्था, पीने के पानी की उपलब्धता और बिजली की बेहतर आपूर्ति सुनिश्चित की गई है।

निष्कर्ष

1966 में हरियाणा बनने के बाद से आज तक, हर सरपंच के सामूहिक प्रयासों का ही परिणाम है कि रामनगर आज एक विकसित, जागरूक और आधुनिक ग्राम के रूप में गर्व से खड़ा है।

अध्याय – 11 रामनगर का मंदिर: आस्था, समर्पण और ईश्वरीय कृपा का साक्ष्य

प्रस्तावना:

सनातन परंपरा में मंदिर केवल ईंट-पत्थर की संरचना नहीं होता, वह सामूहिक आस्था और व्यक्तिगत त्याग का प्रतीक होता है। ग्राम रामनगर में स्थित यह देवालय लेखक के जीवन के सबसे कठिन संघर्षों और ईश्वरीय कृपा की एक साझा गाथा है।

सैनिक का संकल्प और ईश्वरीय आशीर्वाद:

लेखक ने भारतीय सेना में सेवा के दौरान संयुक्त राष्ट्र (UN) के शांति मिशनों (मोजांबिक और सिएरा लियोन, अफ्रीका) के अत्यंत चुनौतीपूर्ण और जोखिम भरे मोर्चों पर कार्य किया। उन कठिन परिस्थितियों और खतरों के बीच, लेखक ने माँ वैष्णो देवी से

एक ही अर्जी लगाई थी कि यदि वे सकुशल स्वदेश लौटें, तो वे अपनी जन्मभूमि रामनगर में एक मंदिर का निर्माण करवाएंगे।

स्वदेश लौटने पर, लेखक ने बिना किसी बाहरी चंदे या आर्थिक सहयोग के, अपने उसी पराक्रम और मेहनत से प्राप्त धन को इस मंदिर के निर्माण में समर्पित कर दिया। यह मंदिर एक सैनिक के अपने आराध्य के प्रति अटूट विश्वास का परिणाम है।

मंदिर में प्रतिष्ठित देव-स्वरूप:

इस मंदिर की परिधि में सनातन धर्म के विभिन्न स्वरूपों का वास है, जो भक्तों को शांति और शक्ति प्रदान करते हैं। मंदिर में मुख्य रूप से निम्नलिखित मूर्तियाँ स्थापित हैं:

श्री हनुमान जी: शक्ति और भक्ति के परम पुंज।

माँ वैष्णो देवी जी: ममता और संरक्षण की अधिष्ठात्री देवी।

श्री श्याम जी: कलियुग के अवतारी और भक्तों के सहायक।

शिव परिवार: कल्याण और पारिवारिक एकता के प्रतीक।

श्री राधा-कृष्ण: प्रेम और भक्ति का माधुर्य स्वरूप।

राम दरबार: मर्यादा पुरुषोत्तम श्री राम, माता सीता, लक्ष्मण और हनुमान जी का आदर्श विग्रह।

निर्माण के शिल्पी और विद्वान जन:

किसी भी पवित्र कार्य की पूर्णता उन हाथों से होती है जो निष्ठा से कार्य करते हैं। इस मंदिर के निर्माण में निम्नलिखित महानुभावों का योगदान अविस्मरणीय है:

शिल्पकार (मिस्त्री): पिपलीखेड़ा से पधारे श्री रामचंद्र जांगड़ा जी और श्री जयनारायण जांगड़ा जी ने अपनी कुशल कलाकारी से मंदिर को सुंदर स्वरूप प्रदान किया।

प्राण प्रतिष्ठा: 3 मार्च 2001 को इस मंदिर की भव्य प्राण प्रतिष्ठा संपन्न हुई। इस मांगलिक अनुष्ठान को लालखा पानीपत से पधारे पंडित आचार्य पूर्णानंद जी महाराज ने अपने सान्निध्य में पूर्ण करवाया। उनके साथ काशी से आए विद्वान पंडितों सहित कुल 7 ब्राह्मणों ने शास्त्रोक्त विधि-विधान से देवताओं का आह्वान किया।

चित्र संख्या 1: सेवा और समर्पण: संयुक्त राष्ट्र शांति मिशन (सिएरा लियोन) से प्राप्त सेवा निधि द्वारा निर्मित रामनगर का पावन मंदिर; चित्र में लेखक के भाई श्री विजेंद्र स्वामी एवं भतीजे दीपेश स्वामी मंदिर प्रांगण में।

वर्तमान आध्यात्मिक चेतना:

माँ वैष्णो देवी की उसी असीम कृपा का परिणाम है कि आज इस मंदिर में सुबह-शाम नियम से आरती, मंत्रोच्चार, पुराण पाठ, श्री रामचरितमानस गान और श्री हनुमान चालीसा के पाठ का सौभाग्य प्राप्त होता है। यह मंदिर आज केवल एक पूजा स्थल नहीं, बल्कि आध्यात्मिक शांति का केंद्र है। आज लेखक की पुस्तकें इसी मंदिर की कृपा से विश्व के अनेक देशों में अपनी महक बिखेर रही हैं।

निष्कर्ष:

रामनगर का यह मंदिर समन्वय, सहिष्णुता और व्यक्तिगत त्याग का प्रतीक है। यह सिद्ध करता है

अध्याय - 12 बड़ बेरी वाले बाबा का समाधि स्थल एवं रामनगर की शैक्षिक विरासत

प्रस्तावना:

गाँव की आत्मा उसकी लोक-परंपराओं और शिक्षित समाज में बसती है। रामनगर की आध्यात्मिक यात्रा जहाँ 'बड़ बेरी वाले बाबा' के मौन तप से आलोकित है, वहीं यहाँ का 'वैष्णव बैरागी परिवार' अपनी शिक्षा और संस्कारों से गाँव के भविष्य को उज्ज्वल कर रहा है।

1. बड़ बेरी वाले बाबा: आस्था और लोक-अनुभूति

रामनगर की सीमाओं पर स्थित 'बड़ बेरी वाले बाबा' का समाधि स्थल गाँव की सामूहिक चेतना का रक्षक माना जाता है।

ऐतिहासिक पृष्ठभूमि: आज जहाँ भव्यता दिखाई देती है, प्राचीन समय में वहाँ बेरियों का एक सघन बाग हुआ करता था, जिसके एकांत में बाबा की समाधि स्थित थी। यद्यपि बाबा के नाम या जीवन काल के कोई लिखित ऐतिहासिक साक्ष्य उपलब्ध नहीं हैं, किंतु जन-श्रुतियों में उनकी उपस्थिति अत्यंत जीवंत है।

निर्मूर्त उपासना और अखंड धूना: यहाँ दो समाधियाँ स्थापित हैं, जिनमें कोई प्रतिमा नहीं है। यह स्थान बाबा को किसी रूप में नहीं, बल्कि उनके तप और त्याग के लिए पूजता है। समाधियों के सम्मुख निरंतर प्रज्वलित 'अखंड धूना' ग्रामीण श्रद्धा का मुख्य केंद्र है। श्रद्धालु आज भी यहाँ उपले अर्पित कर उस पवित्र अग्नि को जीवित रखते हैं। होली, दीपावली और दशहरे जैसे पर्वों पर यहाँ दीप जलाना रामनगर की सादगीपूर्ण भक्ति का परिचायक है।

2. रामनगर का गौरव: शिक्षित वैष्णव बैरागी परिवार

धार्मिक चेतना के साथ-साथ रामनगर ने शिक्षा के क्षेत्र में भी ऊँचे आयाम स्थापित किए हैं। गाँव के विकास में श्री रामस्वरूप बैरागी जी के वंशजों का महत्वपूर्ण योगदान रहा है, जिन्होंने शिक्षा को ही समाज सेवा का माध्यम बनाया।

पारिवारिक वंशावली एवं शैक्षिक योगदान:

श्री रामस्वरूप बैरागी जी के तीन सुपुत्रों ने गाँव में ज्ञान की नींव रखी:

श्री मांगे राम बैरागी जी

श्री रामफल बैरागी जी

मास्टर मोजी राम बैरागी जी

इस परिवार की अगली पीढ़ियों ने शिक्षा जगत में प्रतिष्ठित स्थान प्राप्त कर गाँव का नाम रोशन किया:

श्री मांगे राम जी के सुपुत्र: मास्टर बालू राम बैरागी (अध्यापक), मास्टर सुरेश बैरागी, और मास्टर जगबीर बैरागी।

श्री रामफल जी के सुपुत्र: प्रिंसिपल राजवीर स्वामी, मास्टर कर्मवीर स्वामी, और हेडमास्टर शशि कला स्वामी।

मास्टर मोजी राम जी के सुपुत्र: श्री नरेश कुमार स्वामी (HR के क्षेत्र में कार्यरत)।

निष्कर्ष:

बड़ बेरी वाले बाबा का समाधि स्थल हमें यह सिखाता है कि सच्ची आस्था आडंबरों में नहीं, बल्कि विश्वास में निहित है। वहीं, यह शिक्षित बैरागी परिवार यह सिद्ध करता है कि सनातन वैष्णव मूल्यों और आधुनिक शिक्षा का संगम ही किसी समाज की वास्तविक प्रगति है। रामनगर की यह सांस्कृतिक और

शैक्षिक विरासत आने वाली पीढ़ियों के लिए सदैव प्रेरणा का स्रोत बनी रहेगी।

अध्याय - 13 बली बाबा: रामनगर के मौन और निराकार देवता

प्रस्तावना:

रामनगर की आध्यात्मिक चेतना केवल भव्य मूर्तियों या चित्रों में ही सीमित नहीं है। यहाँ कुछ विश्वास ऐसे भी हैं जो दृश्य प्रतीकों से परे, केवल लोक-स्मृति और सामूहिक श्रद्धा के सहारे जीवित हैं। 'बली बाबा' (बाली बाबा) ऐसे ही एक मौन और निराकार देवता हैं, जिनकी अदृश्य उपस्थिति पूरे गाँव के सामाजिक और आध्यात्मिक जीवन में गहराई से रची-बसी है।

प्राचीनता और स्वरूप:

स्थानीय मान्यताओं के अनुसार, बली बाबा की उपासना रामनगर की स्थापना के समय से ही निरंतर चली आ रही है। गाँव के वृद्धजनों की स्मृति में भी ऐसा कोई समय नहीं है जब बली बाबा की मान्यता न रही हो। बाबा का न कोई भव्य मंदिर है और न ही कोई मानवाकार प्रतिमा; उनकी उपस्थिति केवल एक साधारण-सी 'मड़ी' में अनुभव की जाती है। यह स्थान प्रमाणित करता है कि आस्था के लिए किसी

ठोस रूप की आवश्यकता नहीं होती, अपितु पवित्र भाव ही पर्याप्त है।

पशुधन और कृतज्ञता की परंपरा:

एक कृषि-प्रधान समाज में पशुधन ही समृद्धि का आधार होता है। बली बाबा के प्रति गाँव की कृतज्ञता का सबसे अनूठा उदाहरण यह है कि जब भी किसी घर में गाय या भैंस ब्याती है, तो उसके पहले दूध (खीस) का भोग सर्वप्रथम बली बाबा को अर्पित किया जाता है। इसके पश्चात ही परिवार उस दूध का उपयोग करता है। यह परंपरा जीविका और ईश्वर के बीच के गहरे संबंध को दर्शाती है।

स्थान और स्मृति का संगम:

बली बाबा की मड़ी राजकीय उच्च माध्यमिक विद्यालय के समीप स्थित है, जहाँ परंपरा और आधुनिक शिक्षा का सुंदर संगम दिखाई देता है। इसी पावन क्षेत्र में 'बड़े बाबा' का समाधि स्थल भी अवस्थित है।

चित्र संख्या 1: बली बाबा रामनगर: सिद्ध संत श्री तुलसी बैरागी जी के सानिध्य में प्रभु

चरणों में पौत्र गौरव स्वामी के साथ शीश नवाते हुए।

ऐतिहासिक और पारिवारिक संदर्भ:

वृक्षारोपण का पुण्य: बली बाबा के स्थान पर स्थित वह विशाल और छायादार वृक्ष, जो आज गाँव को शीतलता प्रदान कर रहा है, उसे स्वर्गीय श्री राम दिया बैरागी जी की धर्मपत्नी स्वर्गीय श्रीमती धन्नो देवी बैरागी ने अपने कर-कमलों से लगाया था। यह वृक्ष उनकी सेवा और समर्पण का जीवंत स्मारक है।

बैठक की विरासत: मड़ी के ठीक सामने स्वर्गीय श्री राम दिया बैरागी जी का निवास था, जहाँ अतीत में एक विशाल 'बैठक' हुआ करती थी। यह बैठक रामनगर की सामूहिक चर्चाओं, धार्मिक संवादों और सामाजिक निर्णयों का मुख्य केंद्र थी। उनके तीन सुपुत्रों—श्री रामकुमार, श्री दीवान और श्री तुलसी के नाम आज भी इस पारिवारिक और सामाजिक स्मृति से जुड़े हुए हैं।

निराकार आस्था का दर्शन:

बली बाबा उस सनातन सत्य के प्रतीक हैं जो सिखाता है कि ईश्वर सर्वव्यापी और

निराकार है। गाँव के निवासियों का यह दृढ़ विश्वास है कि जब तक बली बाबा का स्मरण और सम्मान अक्षुण्ण रहेगा, तब तक रामनगर हर प्रकार की आपदाओं और विघ्नों से सुरक्षित रहेगा।

निष्कर्ष:

बली बाबा रामनगर की आत्मा के संरक्षक हैं। वे दिखाई नहीं देते, फिर भी कभी भुलाए नहीं जाते। वे आचरण में, परंपराओं में और पीढ़ियों के बीच बहते विश्वास में जीवित हैं। उनकी मौन उपस्थिति ही इस गाँव की वास्तविक आध्यात्मिक शक्ति है।

अध्याय - 14 कंठी माता: ग्राम-सीमा की रक्षक शक्ति

प्रस्तावना:

लोकमान्यता के अनुसार, कंठी माता ग्राम रामनगर की मुख्य मातृ-शक्ति और रक्षक देवी मानी जाती हैं। उन्हें ग्राम-सीमा की सजग प्रहरी के रूप में पूजा जाता है। यह अटूट विश्वास प्रचलित है कि माता ग्राम को प्राकृतिक आपदाओं, संक्रामक रोगों, अकाल और समस्त अनिष्ट शक्तियों से सुरक्षित रखती हैं। गाँव के केंद्र में माता का स्थान होना इस तथ्य को प्रमाणित करता है कि वे संपूर्ण ग्राम जीवन की संरक्षक और साक्षी शक्ति हैं।

सहगामी माताएँ और लोक-स्मृति:

कंठी माता के विग्रह के साथ दो अन्य माताएँ विराजित हैं, जिन्हें लोकभाषा में "सहगामी माताएँ" कहा जाता है। इनमें से एक स्वरूप को स्थानीय स्तर पर "चुकाने वाली माता" के नाम से जाना जाता है। इन माताओं के नाम किसी शास्त्रीय ग्रंथ में नहीं, बल्कि रामनगर की लोक-स्मृति और मौखिक परंपरा में सुरक्षित हैं। यह हमारी उस विरासत का

हिस्सा है जो पीढ़ी-दर-पीढ़ी मौखिक रूप से हस्तांतरित हुई है।

पूजा-परंपराएँ एवं वार्षिक अनुष्ठान:

रामनगर में माताओं की पूजा नियम और विशेष श्रद्धा के साथ संपन्न होती है। यहाँ की प्रमुख परंपराएँ निम्नलिखित हैं:

सिली सातम: इस दिन माता की विशेष पूजा-अर्चना की जाती है।

नूतन अन्न अर्पण: आषाढ़ मास में जब नया गेहूं घर आता है, तो उसका प्रथम अंश माता को अर्पित किया जाता है।

चित्र संख्या 1: श्रद्धा और विश्वास का केंद्र: ग्राम रामनगर की अधिष्ठात्री देवी कंठी माता के श्रीचरणों में नतमस्तक होकर आशीर्वाद ग्रहण करते लेखक नरेश दास वैष्णव निम्बार्क।

त्योहार एवं तिथियाँ: होली, दीपावली, दशहरा, कार्तिक पूर्णिमा तथा प्रत्येक पूर्णमासी और अमावस्या पर विशेष ज्योत जलाई जाती है।

हरिद्वार यात्रा: गाँव से हरिद्वार जाने वाले श्रद्धालु अपनी यात्रा की निर्बाध सफलता हेतु माता का आशीर्वाद लेना अनिवार्य मानते हैं।

यह पूजा पद्धति किसी जटिल कर्मकांड पर नहीं, बल्कि सहज लोक-आस्था और पूर्वजों द्वारा स्थापित विश्वास पर आधारित है, जो इसे और अधिक प्रामाणिक बनाती है।

निर्मूर्त मातृ-पूजा की प्राचीन परंपरा:

कंठी माता और सहगामी माताओं की उपासना में भौतिक मूर्ति की प्रधानता के स्थान पर 'शक्ति-भाव' सर्वोपरि है। यह परंपरा उत्तर भारत की उस प्राचीन निर्मूर्त पूजा पद्धति का हिस्सा है, जहाँ देवी का अस्तित्व केवल स्वरूप में नहीं, बल्कि भक्त की अंतरात्मा और विश्वास में बसता है। ग्राम समाज ने मातृशक्ति को एक सीमित रूप में न देख उसे सर्वव्यापी रक्षक चेतना के रूप में स्वीकार किया है।

सामाजिक सामंजस्य एवं नैतिक नियंत्रण:

कंठी माता का स्थान किसी एक विशिष्ट जाति या परिवार तक सीमित नहीं है; यह संपूर्ण रामनगर की साझी विरासत है। गाँव में किसी भी मांगलिक या सामाजिक कार्य से पूर्व माता को स्मरण करना केवल एक रिवाज नहीं, बल्कि सामाजिक अनुशासन और नैतिक

संतुलन बनाए रखने का एक सशक्त माध्यम है।

निष्कर्ष:

कंठी माता एवं सहगामी माताएँ केवल धार्मिक प्रतीक नहीं, बल्कि रामनगर की सामूहिक चेतना, सुरक्षा और सांस्कृतिक निरंतरता की आधारशिला हैं।

अध्याय - 15 रामनगर: सनातन आस्था, बालाजी मंदिर

प्रस्तावना:

रामनगर प्रारंभ से ही धार्मिक एवं सनातन चेतना से परिपूर्ण क्षेत्र रहा है। यहाँ के जन-मानस में सनातन धर्म के प्रति गहरी आस्था, श्रद्धा और संस्कार पीढ़ी-दर-पीढ़ी प्रवाहित होते रहे हैं। यही कारण है कि रामनगर की भूमि केवल एक भौगोलिक इकाई नहीं, बल्कि एक प्रतिष्ठित आध्यात्मिक क्षेत्र के रूप में पहचानी जाती है।

श्री बालाजी मंदिर: आस्था का नूतन केंद्र:

इसी सनातन आस्था और धार्मिक भावना से प्रेरित होकर, श्री आज़ाद स्वामी जी के सुपुत्र श्री रामकिशन बैरागी ने वर्ष 2000 में ग्राम रामनगर में श्री बालाजी मंदिर का निर्माण करवाया। यह मंदिर आज न केवल धार्मिक आस्था का प्रमुख केंद्र है, बल्कि ग्राम की सांस्कृतिक पहचान का एक अटूट हिस्सा बन चुका है।

मंदिर का आध्यात्मिक महत्व:

बालाजी मंदिर में भगवान हनुमान जी की भव्य प्रतिमा स्थापित है, जो शक्ति, अटूट भक्ति और निस्वार्थ सेवा का प्रतीक मानी जाती है। मंदिर परिसर में शिव परिवार की प्रतिष्ठा इस स्थल को और भी पावन बनाती है। यह स्थान वैष्णव और शैव परंपराओं के सुंदर संगम के रूप में प्रतिष्ठित है। प्रतिदिन ग्रामवासी यहाँ हनुमान चालीसा पाठ, शिव आराधना और विशेष अनुष्ठानों के माध्यम से अपनी आध्यात्मिक ऊर्जा प्राप्त करते हैं।

सेवा, संस्कार और गौरवशाली पारिवारिक पृष्ठभूमि:

श्री रामकिशन बैरागी का परिवार राष्ट्रभक्ति और सेवा की उच्च परंपराओं से जुड़ा रहा है। उनके पूज्य पिता ने सीमा सुरक्षा बल (BSF) में देश की सीमाओं की रक्षा करते हुए अपना जीवन समर्पित किया। राष्ट्रसेवा के ये संस्कार परिवार की सामाजिक और धार्मिक गतिविधियों में स्पष्ट रूप से दिखाई देते हैं।

इस परिवार ने ग्राम के लोकतांत्रिक नेतृत्व में भी महत्वपूर्ण भूमिका निभाई है:

श्री कर्म सिंह बैरागी एवं श्री जगदीश स्वामी ग्राम के सरपंच के रूप में अपनी सेवाएँ दे चुके हैं, जिन्होंने सामाजिक समरसता और ग्राम विकास को नई दिशा दी।

इसी परिवार की अगली पीढ़ी से श्री सुरेंद्र आर्य, वर्तमान में B.P.D.O. (Block Panchayat Development Officer) के पद पर कार्यरत हैं, जो प्रशासनिक माध्यम से क्षेत्र के विकास में अपना सक्रिय योगदान दे रहे हैं

चित्र संख्या 1: भक्ति और शक्ति का संगम: रामनगर के पावन बालाजी मंदिर में हनुमान जी का आशीर्वाद ग्रहण करते पूर्व प्रधान श्री जगदीश स्वामी जी; गाँव की धार्मिक एवं राजनीतिक विरासत के जीवंत प्रतीक।

आध्यात्मिक परिवेश में बसा सौभाग्यशाली ग्राम:

रामनगर का यह सौभाग्य है कि यह ग्राम चारों ओर से मंदिरों के एक सुरक्षात्मक और आध्यात्मिक आवरण से घिरा हुआ है। ये देवालय न केवल व्यक्तिगत पूजा के स्थान हैं, बल्कि सामाजिक एकता, उच्च संस्कारों और सांस्कृतिक चेतना के प्रहरी भी हैं।

निष्कर्ष:

रामनगर का यह धार्मिक वातावरण यह सिद्ध करता है कि जिस समाज की जड़ें अपनी सनातन परंपराओं में गहरी होती हैं, वह केवल एक निवास स्थान नहीं रह जाता, बल्कि वह 'संस्कृति और श्रद्धा की जीवंत भूमि' बन जाता

अध्याय - 16 रामनगर में ग्राम-देवी परंपरा: माता मसानी, माता शीतला

प्रस्तावना:

ग्राम रामनगर की धार्मिक संरचना में माता मसानी और माता शीतला की मड़ियाँ ग्राम-देवी परंपरा का एक अत्यंत महत्वपूर्ण और प्राचीन उदाहरण प्रस्तुत करती हैं। उत्तर भारत के ग्रामीण समाज में इन लोक-देवियों को स्वास्थ्य, महामारी-नियंत्रण तथा सामाजिक संतुलन का रक्षक माना गया है। रामनगर में इन दोनों देवियों की सामूहिक उपासना इस प्राचीन सांस्कृतिक विरासत की निरंतरता का प्रमाण है।

बांसोड़ा अनुष्ठान: लोक-आस्था का केंद्र:

नए अन्न के आगमन के समय संपन्न होने वाला “बांसोड़ा” अनुष्ठान इस लोक-आस्था का सबसे महत्वपूर्ण पक्ष है। इस अवसर पर विशेष रूप से 'दलिये' का भोग अर्पित करने की परंपरा है। यह भोग एक दिन पूर्व (रात्रि में) तैयार किया जाता है और अगली सुबह माता को समर्पित किया जाता है। लोक-विश्वास के अनुसार, इस 'वासी भोजन' या शीतल भोग का

संबंध शीतला माता की शीतलता, धैर्य और चेचक जैसे रोगों के निवारण की अवधारणा से जुड़ा हुआ है।

सामाजिक एकता और सामूहिक यात्रा:

अनुष्ठान के दिन गाँव की महिलाएँ और बच्चे प्रातःकाल पारंपरिक ढोल-नगाड़ों के साथ मंगल गान करते हुए मड़ियों तक जाते हैं। यह सामूहिक यात्रा केवल एक धार्मिक विधि नहीं है, बल्कि यह रामनगर की सामाजिक एकता, अनुशासन और सामूहिक उत्तरदायित्व का भी प्रतीक है। लोक-मान्यता के अनुसार, इस अवसर पर माताओं से सामूहिक रूप से यह प्रार्थना की जाती है कि वे गाँव की सीमाओं के भीतर किसी भी प्रकार के रोग, महामारी और अनिष्ट को प्रवेश न करने दें।चित्र

संख्या 1: कुल परंपरा का निर्वहन: ग्राम देवी माता मसानी एवं माता शीतला के पावन दरबार में पौत्र भावेश वैष्णव और पौत्री दिव्यांशी वैष्णव के साथ आशीर्वाद ग्रहण करते लेखक नरेश दास वैष्णव निम्बार्क।

भौगोलिक परिवर्तन और अडिग विश्वास:

इतिहास की दृष्टि से देखें तो पूर्व में ये मड़ियाँ गाँव की मुख्य आबादी से काफी बाहर स्थित थीं, जो इस बात का संकेत था कि ये 'सीमा रक्षक' शक्तियाँ थीं। आज जनसंख्या विस्तार और भौतिक विकास के कारण ये स्थान आबादी के बीच आ गए हैं। गाँव की बनावट में आए इस भौतिक बदलाव के बावजूद, यहाँ की धार्मिक आस्था और अनुष्ठानों की मूल भावना आज भी वैसी ही जीवंत है जैसी सदियों पहले थी।

निष्कर्ष:

माता मसानी और माता शीतला की यह परंपरा रामनगर की उस गहरी लोक-चेतना को दर्शाती है जहाँ धर्म और समाज एक-दूसरे के पूरक हैं। यह अध्याय हमें याद दिलाता है कि गाँव की खुशहाली और स्वास्थ्य केवल आधुनिक संसाधनों पर नहीं, बल्कि पूर्वजों द्वारा स्थापित संयम, शुद्धि और अटूट विश्वास की नींव पर टिकी है।

अध्याय - 17 रामनगर में शिक्षा एवं शैक्षणिक सुविधाएँ

प्रस्तावना:

ग्राम रामनगर के सामाजिक और सांस्कृतिक विकास में शिक्षा की भूमिका अत्यंत महत्वपूर्ण रही है। यद्यपि यह ग्राम भौगोलिक आकार में सीमित है, फिर भी प्राथमिक और माध्यमिक स्तर तक की शैक्षणिक सुविधाओं की उपलब्धता ने ग्रामवासियों को मूलभूत शिक्षा और आधुनिक चेतना से जोड़े रखा है। शिक्षा के प्रति यह निरंतरता ग्राम की भविष्य-दृष्टि को दर्शाती है।

प्राथमिक एवं माध्यमिक शिक्षा की उपलब्धता:

ग्राम रामनगर में सरकारी प्राथमिक विद्यालय तथा सरकारी मध्य विद्यालय की सुव्यवस्थित व्यवस्था उपलब्ध है। इन संस्थानों के माध्यम से गाँव के बच्चों को प्रारंभिक और माध्यमिक शिक्षा ग्राम स्तर पर ही सुलभ हो जाती है। इसके अतिरिक्त, ग्राम में निजी पूर्व-प्राथमिक तथा प्राथमिक

विद्यालय भी संचालित हैं, जो अभिभावकों को शिक्षा के विविध विकल्प प्रदान करते हैं।

माध्यमिक एवं उच्च माध्यमिक शिक्षा का विस्तार:

माध्यमिक शिक्षा के स्तर पर ग्राम में सरकारी माध्यमिक विद्यालय की सुविधा उपलब्ध है। यद्यपि ग्राम के भीतर वरिष्ठ माध्यमिक विद्यालय प्रत्यक्ष रूप से स्थित नहीं है, तथापि समीपवर्ती क्षेत्रों–विशेष रूप से पिपली खेड़ा और गन्नौर–में स्थित वरिष्ठ माध्यमिक विद्यालयों के माध्यम से यहाँ के विद्यार्थियों को आगे की शिक्षा प्राप्त करने का सुगम अवसर मिलता है।

उच्च एवं तकनीकी शिक्षा के आयाम:

उच्च शिक्षा के संदर्भ में, ग्राम रामनगर में वर्तमान में कोई कला, विज्ञान, इंजीनियरिंग अथवा चिकित्सा महाविद्यालय स्थित नहीं है। उच्च शिक्षा की प्राप्ति के लिए ग्राम के विद्यार्थी सोनीपत जिला मुख्यालय तथा उसके आसपास के क्षेत्रों में स्थित प्रतिष्ठित महाविद्यालयों और तकनीकी संस्थानों पर निर्भर हैं। इसी प्रकार, व्यावसायिक प्रशिक्षण

(ITI) और कौशल विकास के लिए भी समीपवर्ती कस्बों में स्थित संस्थानों का लाभ ग्राम के युवाओं द्वारा लिया जाता है।

ग्रामीण-शहरी संतुलन और विकास:

ग्राम रामनगर में शिक्षा की व्यवस्था प्राथमिक और माध्यमिक स्तर पर अत्यंत सुदृढ़ रही है। उच्च और तकनीकी शिक्षा के लिए समीपवर्ती शहरी केंद्रों पर निर्भरता ग्रामीण शिक्षा की उस यथार्थ तस्वीर को प्रस्तुत करती है, जहाँ ग्राम और नगर के बीच एक संतुलित तालमेल के माध्यम से शैक्षणिक विकास आगे बढ़ता है। शिक्षा के प्रति इसी जागरूकता का परिणाम है कि आज रामनगर के युवा विभिन्न क्षेत्रों में अपनी प्रतिभा का लोहा मनवा रहे हैं।

ऐतिहासिक संदर्भ:

उपरोक्त विवरण उपलब्ध अभिलेखों एवं मुख्य रूप से वर्ष 2009 के आसपास संकलित आँकड़ों और भौगोलिक स्थितियों के आधार पर प्रस्तुत किया गया है, जो ग्राम के क्रमिक विकास को समझने में सहायक है।

अध्याय - 18 गवर्नमेंट स्कूल रामनगर: स्थापना एवं क्रमिक शैक्षिक विकास

प्रस्तावना:

ग्राम रामनगर की शैक्षिक चेतना का आधार स्तंभ यहाँ का सरकारी विद्यालय रहा है। ग्रामीण समाज के बौद्धिक विकास और अनुशासन की नींव रखने में इस संस्था की भूमिका अत्यंत गौरवशाली रही है। चित्र 1: सामाजिक चेतना और युवा प्रोत्साहन

लेखक एवं इतिहासकार नरेश दास वैष्णव निम्बार्क ने गवर्नमेंट हाई स्कूल, रामनगर में शिक्षा, संस्कार और सड़क सुरक्षा पर आधारित एक विशेष जन-जागरण सत्र का आयोजन किया। इस अवसर पर उन्होंने न केवल छात्रों का मार्गदर्शन किया, बल्कि अपनी व्यक्तिगत निधि (पेंशन) से स्कूल के 21 मेधावी और अनुशासित विद्यार्थियों को मोमेंटो (स्मृति चिन्ह) भेंट कर सम्मानित भी किया। यह पहल समाज के प्रति उनके गहरे जुड़ाव और भावी पीढ़ी को शिक्षित व जागरूक बनाने के उनके अटूट संकल्प को दर्शाती है।

मुख्य बिंदु जो आप कैप्शन में शामिल कर सकते हैं:

आयोजन का उद्देश्य: शिक्षा, संस्कार और सड़क सुरक्षा के प्रति जागरूकता बढ़ाना।

व्यक्तिगत योगदान: अपनी सेवा-निवृत्ति पेंशन के माध्यम से बच्चों को प्रोत्साहित करना।

स्थान: गवर्नमेंट हाई स्कूल, रामनगर।

स्थापना और ऐतिहासिक यात्रा:

ग्राम रामनगर में गवर्नमेंट प्राइमरी स्कूल की स्थापना वर्ष 1954 में हुई थी। अपनी स्थापना के प्रारंभिक दशकों में यह विद्यालय केवल प्राथमिक स्तर की शिक्षा तक सीमित था। जैसे-जैसे ग्राम की जनसंख्या और शैक्षिक आवश्यकताएँ बढ़ीं, इसके स्वरूप में भी महत्वपूर्ण बदलाव आए:

प्राइमरी से मिडिल स्कूल: दिनांक 25 सितम्बर 1997 को इस विद्यालय को प्राथमिक स्तर से उन्नत (Upgrade) कर मिडिल स्कूल का दर्जा दिया गया।

मिडिल से हाई स्कूल: शिक्षा के क्षेत्र में निरंतर प्रगति करते हुए, अप्रैल 2009 में इसे

हाई स्कूल के रूप में मान्यता प्राप्त हुई। यह परिवर्तन रामनगर के इतिहास में एक मील का पत्थर सिद्ध हुआ।

कुशल नेतृत्व और शैक्षणिक वातावरण:

वर्तमान में, विद्यालय के प्राथमिक अनुभाग (प्राइमरी विंग) की कमान हेड मास्टर श्री दिनेश कुमार भारद्वाज जी के हाथों में है। आपकी नियुक्ति दिनांक 21 सितम्बर 2016 को हुई थी। श्री भारद्वाज जी एक अत्यंत परिश्रमी, लगनशील और कर्तव्यनिष्ठ शिक्षक के रूप में प्रतिष्ठित हैं। उनके कुशल मार्गदर्शन में विद्यालय की शैक्षणिक गुणवत्ता, प्रशासनिक सुदृढ़ता और छात्रों के अनुशासन में अभूतपूर्व सुधार हुआ है।

वहीं, हाई स्कूल स्तर पर वर्तमान हेड मास्टर श्री महावीर सिंह जी हैं, जिनके नेतृत्व में विद्यालय निरंतर प्रगति पथ पर अग्रसर है और ग्रामीण प्रतिभाओं को तराशने का कार्य कर रहा है।

चित्र 1: सामाजिक चेतना और युवा प्रोत्साहन

लेखक एवं इतिहासकार नरेश दास वैष्णव निम्बार्क ने गवर्नमेंट हाई स्कूल, रामनगर में शिक्षा, संस्कार और सड़क सुरक्षा पर आधारित एक विशेष जन-जागरण सत्र का आयोजन किया। इस अवसर पर उन्होंने न केवल छात्रों का मार्गदर्शन किया, बल्कि अपनी व्यक्तिगत निधि (पेंशन) से स्कूल के 21 मेधावी और अनुशासित विद्यार्थियों को मोमेंटो (स्मृति चिन्ह) भेंट कर सम्मानित भी किया। यह पहल समाज के प्रति उनके गहरे जुड़ाव और भावी पीढ़ी को शिक्षित व जागरूक बनाने के उनके अटूट संकल्प को दर्शाती है।

मुख्य बिंदु जो आप कैप्शन में शामिल कर सकते हैं:

आयोजन का उद्देश्य: शिक्षा, संस्कार और सड़क सुरक्षा के प्रति जागरूकता बढ़ाना।

व्यक्तिगत योगदान: अपनी सेवा-निवृत्ति पेंशन के माध्यम से बच्चों को प्रोत्साहित करना।

स्थान: गवर्नमेंट हाई स्कूल, रामनगर।

अध्याय - 19 भाषाई विरासत, सरकारी अभिलेख

प्रशासकीय एवं भाषाई परिवर्तन:

रामनगर का सरकारी विद्यालय न केवल एक शिक्षण संस्थान रहा है, बल्कि यह क्षेत्रीय और राजकीय भाषाई परिवर्तनों का साक्षी भी रहा है। विद्यालय के पुराने सरकारी रिकॉर्ड (वर्ष 1952 से 1962 तक) यह दर्शाते हैं कि उस समय की शासकीय भाषा उर्दू और पंजाबी थी।

इस कालखंड के सभी 'एडमिशन रजिस्टर' (दाखिला खारिज), परीक्षा परिणाम और स्थानांतरण प्रमाण पत्र (TC) उर्दू लिपि में दर्ज हैं। वर्ष 1963 से सरकारी अभिलेखों में हिंदी भाषा का प्रचलन शुरू हुआ, जिसके साथ-साथ एक लंबे समय तक पंजाबी भाषा का शिक्षण भी यहाँ अनिवार्य रूप से होता रहा। यह परिवर्तन तत्कालीन शैक्षिक नीतियों और क्षेत्रीय भाषाई प्रभाव का अनूठा प्रमाण प्रस्तुत करता है।

लेखक का विद्यालय से आत्मीय जुड़ाव:

इस विद्यालय का इतिहास लेखक के लिए केवल शोध का विषय नहीं है, बल्कि यह उनके जीवन की सबसे सुंदर स्मृतियों का केंद्र है। लेखक और शोधकर्ता नरेश दास वैष्णव निम्बार्क ने वर्ष 1971 से 1975 तक अपनी प्राथमिक शिक्षा इसी पावन प्रांगण में प्राप्त की थी।

यहीं से उन्हें वे संस्कार, जीवन मूल्य और अनुशासन प्राप्त हुआ, जिसने आगे चलकर उन्हें सेना की गौरवशाली सेवा और फिर साहित्य सृजन के मार्ग पर अग्रसर किया। लेखक के लिए यह विद्यालय एक ऐसी पाठशाला है जिसने न केवल अक्षर ज्ञान दिया, बल्कि सामाजिक चेतना और नैतिकता का पाठ भी पढ़ाया।

राजेश कुमार बिबियाण

सुपुत्र (S/o) श्री रामचन्द्र

मौलिक मुख्याध्यापक

राजकीय उच्च विद्यालय (रा० उ० वि०), रामनगर

निष्कर्ष:

गवर्नमेंट स्कूल रामनगर केवल शिक्षा प्रदान करने वाला केंद्र नहीं है, बल्कि यह ग्राम के इतिहास का एक जीवित दस्तावेज है। इसके पुराने रिकॉर्ड्स और यहाँ से निकले विद्यार्थी इस बात के गवाह हैं कि सीमित संसाधनों के बावजूद इस विद्यालय ने रामनगर के भविष्य को गढ़ने में कोई कसर नहीं छोड़ी।

अध्याय - 20 रामनगर की सेवा परंपरा, सार्वजनिक धर्मस्थल

प्रस्तावना:

ग्राम रामनगर का इतिहास लगभग 422 वर्ष प्राचीन माना जाता है। अपनी स्थापना के समय से ही यह गाँव वैष्णव संस्कारों, सात्विक जीवन और निस्वार्थ सेवा-भावना के लिए प्रतिष्ठित रहा है। प्राप्त ऐतिहासिक साक्ष्य और अभिलेख यह स्पष्ट संकेत देते हैं कि यहाँ के मंदिर, धर्मशालाएँ और प्याऊ जैसी व्यवस्थाएँ किसी व्यक्ति विशेष की संपत्ति न होकर, संपूर्ण ग्राम समाज की सामूहिक आस्था और सेवा का केंद्र थीं।

सेवा-मूलक धार्मिक व्यवस्था:

प्राचीन अभिलेखों के गहन अध्ययन से यह महत्वपूर्ण तथ्य उभरकर सामने आता है कि पूर्व काल में धर्मस्थलों और उनसे जुड़ी संपत्तियों से प्राप्त होने वाली आय का एकमात्र उद्देश्य 'परोपकार' था। इस आय का उपयोग मुख्य रूप से निम्नलिखित कार्यों में किया जाता था:

धर्मस्थलों का उचित रख-रखाव और जीर्णोद्धार।

यात्रियों और राहगीरों के लिए शीतल जल की 'प्याऊ' का संचालन।

संत-महात्माओं और आगंतुकों की निःशुल्क सेवा एवं आवास व्यवस्था।

ये तथ्य इस बात का जीवंत प्रमाण हैं कि रामनगर में धर्म को कभी 'व्यवसाय' के रूप में नहीं देखा गया, बल्कि इसे 'मानव सेवा' के सर्वोच्च माध्यम के रूप में स्वीकार किया गया।

साधना और सांस्कृतिक पहचान:

दस्तावेजों के अनुसार, रामनगर के मंदिरों में न केवल नियमित पूजा-अर्चना होती रही, बल्कि यहाँ के शांत और आध्यात्मिक वातावरण में अनेक संत-महात्माओं ने निवास कर अपनी साधना संपन्न की। समय के साथ सामाजिक और भौतिक परिस्थितियों में परिवर्तन अवश्य आए, किंतु इससे यह ऐतिहासिक सत्य नहीं बदलता कि रामनगर का मूल स्वरूप सदैव धार्मिक, शैक्षणिक और सेवा प्रधान रहा है।

निष्कर्ष:

रामनगर की पहचान किसी विवाद या संघर्ष से नहीं, बल्कि इसकी समृद्ध वैष्णव परंपरा, शिक्षा-संस्कृति और लोकसेवा के आदर्शों से होनी चाहिए। आज भी गाँव के मंदिर और उनसे जुड़ी संस्थाएँ रामनगर की ऐतिहासिक और आध्यात्मिक पहचान का मुख्य आधार हैं। यह अध्याय भावी पीढ़ियों को अपनी जड़ों की नैतिकता और पूर्वजों के सेवा-भाव को स्मरण रखने की प्रेरणा देता है।

अध्याय - 21 ग्राम रामनगर: प्रशासनिक एवं भौगोलिक परिचय

प्रस्तावना:

ग्राम रामनगर, हरियाणा राज्य के सोनीपत जिले की गन्नौर तहसील में स्थित एक सुव्यवस्थित और कृषि-प्रधान गाँव है। राजनीतिक और प्रशासनिक दृष्टि से यह गाँव गन्नौर विधानसभा क्षेत्र के अंतर्गत आता है तथा सोनीपत संसदीय क्षेत्र का एक महत्वपूर्ण हिस्सा है।

राजस्व रिकॉर्ड एवं भूमि संरचना:

सरकारी अभिलेखों और नवीनतम जमाबंदी (वर्ष 2024-2025) के अनुसार, ग्राम रामनगर का राजस्व रिकॉर्ड अत्यंत विस्तृत और स्पष्ट है। गाँव की भूमि संरचना को निम्नलिखित मुख्य बिंदुओं में समझा जा सकता है:

विभाजन: गाँव के भू-क्षेत्र को कुल 6 पत्तियों में विभाजित किया गया है।

राजस्व पहचान: अभिलेखों में कुल 2422 खसरा नंबर दर्ज हैं, जो भूमि के प्रत्येक खंड की सटीक पहचान सुनिश्चित करते हैं।

कृषि संसाधन: कृषि यहाँ की अर्थव्यवस्था और आजीविका का मुख्य आधार है। गाँव के पास लगभग 6688 बीघा खेती योग्य उपजाऊ भूमि उपलब्ध है, जो ग्रामीणों की समृद्धि का प्रमुख स्रोत है।

भौगोलिक अवस्थिति एवं पंचायत:

भौगोलिक रूप से रामनगर तहसील मुख्यालय गन्नौर से लगभग 10 किलोमीटर और जिला मुख्यालय सोनीपत से लगभग 21 किलोमीटर की दूरी पर स्थित है। गाँव का आधिकारिक पिनकोड 131039 है। प्रशासनिक रूप से रामनगर एक स्वतंत्र ग्राम पंचायत है, जहाँ पंचायती राज व्यवस्था के अंतर्गत विकास कार्यों का संचालन किया जाता है।

वर्तमान नेतृत्व:

वर्तमान में ग्राम रामनगर की सरपंच श्रीमती सुदेश कुमारी हैं। उनके कुशल नेतृत्व में ग्राम पंचायत विकास कार्यों, जनकल्याणकारी योजनाओं और गाँव की बुनियादी सुविधाओं (सड़क, बिजली, पानी) के सुदृढ़ीकरण की महत्वपूर्ण जिम्मेदारी निभा रही है।

निष्कर्ष:

सरकारी मानचित्रों, राजस्व अभिलेखों और आधुनिक डिजिटल रिकॉर्ड में ग्राम रामनगर की स्पष्ट पहचान दर्ज है। यह सुव्यवस्थित प्रशासनिक ढांचा गाँव की ऐतिहासिक निरंतरता और भविष्य के विकास की संभावनाओं को मजबूती प्रदान करता है। यह अध्याय रामनगर के वर्तमान भौगोलिक और शासकीय स्वरूप का एक प्रामाणिक संदर्भ प्रस्तुत करता है।

अध्याय - 22 राष्ट्र सेवा का संकल्प: सेना, अर्धसैनिक बल एवं पुलिस के वीर योद्धा

प्रस्तावना:

ग्राम रामनगर की पहचान केवल उसकी ऐतिहासिक और सांस्कृतिक विरासत से ही नहीं, बल्कि देशसेवा में सर्वस्व अर्पण करने वाले यहाँ के वीर सपूतों से भी है। इस ग्राम के अनेक नागरिकों ने भारतीय सेना, अर्धसैनिक बलों तथा पुलिस सेवाओं में अपना जीवन समर्पित कर राष्ट्र की अखंडता की रक्षा की है और रामनगर की प्रतिष्ठा को राष्ट्रीय स्तर पर गौरवान्वित किया है।

वीर योद्धाओं की गौरवपूर्ण सूची:

रामनगर के उन प्रमुख नागरिकों का विवरण निम्नलिखित है, जिन्होंने विभिन्न सुरक्षा बलों में अपनी सेवाएँ दी हैं:

नरेश दास वैष्णव निम्बार्क – पूर्व नायब सूबेदार, भारतीय सेना (UN वैटरन)

महावीर बैरागी – सब इंस्पेक्टर, हरियाणा पुलिस (35 वर्ष की बेदाग सेवा और 35 पदकों से सम्मानित)

रामकिशन बैरागी – सीमा सुरक्षा बल (BSF)

रामनाथ कश्यप – भारतीय सेना

मौसम फौजी – सीमा सुरक्षा बल (BSF)

इंद्र छोक्कर – केंद्रीय रिजर्व पुलिस बल (CRPF)

ममता छोक्कर – केंद्रीय औद्योगिक सुरक्षा बल (CISF)

कृष्ण फौजी बैरागी – भारतीय सेना

नवरत्न बैरागी – भारतीय सेना

जयप्रकाश बैरागी – भारतीय सेना

मौसम फौजी – भारतीय सेना

कृष्ण बैरागी – भारतीय नौसेना

हरिओम वशिष्ठ – भारतीय सेना

प्रवीण स्वामी – केंद्रीय रिजर्व पुलिस बल (CRPF)

रमेश बैरागी – केंद्रीय रिजर्व पुलिस बल (CRPF)

प्रदीप वशिष्ठ – केंद्रीय औद्योगिक सुरक्षा बल (CISF)

हर्ष स्वामी – केंद्रीय औद्योगिक सुरक्षा बल (CISF)

सुरेंद्र वशिष्ठ – भारतीय वायुसेना

रामनिवास वशिष्ठ – भारतीय वायुसेना

हवा सिंह वशिष्ठ – भारतीय वायुसेना

अनुशासन और गौरव की विरासत:

इन सभी सेवा-निष्ठ नागरिकों ने अपने अदम्य साहस, कठोर अनुशासन और अटूट समर्पण से न केवल राष्ट्र की सीमाओं और आंतरिक सुरक्षा को सुदृढ़ किया, बल्कि ग्राम रामनगर के नाम को एक नई पहचान दी। विशेष रूप से हरियाणा पुलिस में सब इंस्पेक्टर महावीर बैरागी जी का 35 वर्षों का सेवाकाल और उन्हें प्राप्त 35 मेडल इस बात का प्रमाण हैं कि रामनगर की मिट्टी में कर्तव्यनिष्ठा कूट-कूट कर भरी है।

निष्कर्ष:

यह अध्याय केवल नामों की सूची नहीं, बल्कि आने वाली पीढ़ियों के लिए प्रेरणा और गौरव का एक ऐतिहासिक दस्तावेज़ है। यह वीरों की वह गाथा है जो युवाओं को यह संदेश देती है कि अपनी मिट्टी का कर्ज चुकाने से बड़ा कोई धर्म नहीं है।

अध्याय - 23 विजय प्रकाश शर्मा: सेवा, संकल्प और सामाजिक उत्तरदायित्व

प्रस्तावना:

रामनगर की मिट्टी ने न केवल वीर सैनिकों को जन्म दिया है, बल्कि ऐसे समर्पित पेशेवरों को भी गढ़ा है जिन्होंने अपनी बौद्धिक क्षमता और सेवा-भाव से समाज में एक विशिष्ट स्थान बनाया है। श्री विजय प्रकाश शर्मा एक ऐसे ही व्यक्तित्व हैं, जिनका जीवन उद्देश्यपूर्ण दृष्टि और सामाजिक उत्तरदायित्व का अनुपम उदाहरण है।

पेशेवर अनुभव और विशेषज्ञता:

श्री विजय प्रकाश शर्मा वर्तमान में टाटा पावर साउदर्न ओडिशा लिमिटेड में 'कंसल्टेंट' के रूप में अपनी सेवाएँ दे रहे हैं। इससे पूर्व उन्होंने विभिन्न प्रतिष्ठित सरकारी एवं निजी संस्थानों में एक कुशल 'इलेक्ट्रिकल इंजीनियर' के रूप में कार्य किया है। उनके इस व्यापक तकनीकी एवं प्रशासनिक अनुभव ने उन्हें एक दूरदर्शी पेशेवर के रूप में स्थापित किया है।

संस्कारों की नींव:

विजय जी के व्यक्तित्व की सुदृढ़ नींव रामनगर के इसी राजकीय प्राथमिक विद्यालय में पड़ी थी। इसी प्रांगण से उन्हें वे प्रारंभिक संस्कार, अनुशासन और समाज के प्रति दायित्वबोध प्राप्त हुआ, जो आज भी उनके कार्यों और जीवन मूल्यों में स्पष्ट रूप से परिलक्षित होता है।

सामाजिक एवं नवीन पहल:

वर्तमान में वे खेल और शिक्षा के माध्यम से युवा पीढ़ी के सर्वांगीण विकास के लिए निरंतर सक्रिय हैं। उनके परिवार की दूरगामी और उद्यमशील सोच "प्लश माइल्स" (Plush Miles) के रूप में सामने आई है, जो भारत में 'लक्ज़री इलेक्ट्रिक वाहन' (EV) फ्लीट के क्षेत्र में एक क्रांतिकारी एवं पर्यावरण-हितैषी पहल है।

HKL स्पोर्ट्स फाउंडेशन: एक नई उम्मीद: अपने सामाजिक सरोकारों को आगे बढ़ाते हुए, उन्होंने स्वर्गीय श्री हरि किशन लाल जी की पावन स्मृति में 'HKL स्पोर्ट्स फाउंडेशन' की स्थापना की है। इस फाउंडेशन के माध्यम से वे वंचित एवं आर्थिक रूप से कमजोर पृष्ठभूमि

वाले प्रतिभावान बच्चों को खेल के क्षेत्र में उचित प्रशिक्षण और अवसर प्रदान करने के लिए प्रयासरत हैं।

निष्कर्ष:

पेशेवर दक्षता और मानवीय संवेदनाओं का यह समन्वय विजय प्रकाश शर्मा के जीवन-पथ को विशिष्ट बनाता है। उनका जीवन इस सत्य को प्रमाणित करता है कि सफलता का वास्तविक अर्थ केवल व्यक्तिगत उपलब्धि नहीं, बल्कि समाज में सकारात्मक परिवर्तन लाने की क्षमता है। रामनगर को अपने इस सुपुत्र की उपलब्धियों और सेवा-भाव पर

चित्र 1: प्रेरणादायी व्यक्तित्व - श्री विजय प्रकाश शर्मा

श्री विजय प्रकाश शर्मा वर्तमान में टाटा पावर जैसे प्रतिष्ठित संस्थान में अपनी सेवाएं दे रहे हैं। उन्होंने विभिन्न सरकारी विभागों में भी तकनीकी विशेषज्ञ के रूप में कार्य किया है। रामनगर की मिट्टी से मिले प्रारंभिक संस्कारों और अनुशासन ने उनके व्यक्तित्व की सुदृढ़ नींव रखी है, जो आज उनके

सामाजिक और व्यावसायिक जीवन में स्पष्ट रूप से दिखाई देती है। वर्तमान में वे खेल और शिक्षा के माध्यम से समाज में नवीन ऊर्जा भरने का कार्य कर रहे हैं।

अध्याय 24: मानवता की प्रतिमूर्ति - अमित वाल्मीकि 'गिरदावर'

रामनगर के इतिहास के झरोखे से एक अनकहा किस्सा

इतिहास केवल युद्धों और तारीखों का विवरण नहीं होता, बल्कि वह उन चरित्रों से निर्मित होता है जो निस्वार्थ सेवा की मिसाल पेश करते हैं। रामनगर के 422 वर्षों के अनछुए इतिहास को कलमबद्ध करते समय, एक ऐसा ही नाम गौरव के साथ उभरता है– श्री अमित वाल्मीकि 'गिरदावर'।

सेवा की पारिवारिक विरासत

अमित वाल्मीकि जी के व्यक्तित्व में परोपकार की भावना उन्हें विरासत में मिली है। उनके पिता, डॉ. सुरेश वाल्मीकि, और दादा, श्री मातु राम वाल्मीकि जी, ने सदैव गरीबों और असहायों की मदद को अपना परम कर्तव्य माना। अमित जी उसी सेवा-परंपरा को आज भी पूरी निष्ठा से जीवंत रखे हुए हैं।

शिमला का वह कठिन समय: जब इंसानियत की जीत हुई

बात जनवरी 2025 की है। अवसर था– 1857 की क्रांति के वीर शहीद राम प्रसाद बैरागी को इतिहास में उनका उचित स्थान दिलाने का। बैरागी जी, जो सुबादू कैंट के मंदिर में पुजारी और गुप्तचर विभाग के क्रांतिकारी अध्यक्ष थे, उन्हें 20 अप्रैल 1857 को अंबाला की जेल में फांसी दे दी गई थी। इसी संदर्भ में जब मैं मुख्यमंत्री हिमाचल प्रदेश, श्री सुखविंदर सिंह सुक्खू जी को ज्ञापन सौंपकर वापस आया, तो अचानक स्वास्थ्य बिगड़ गया।

भीषण फूड प्वाइजनिंग के कारण शरीर इतना निढाल हो गया कि तीन दिनों तक शिमला के एक होटल में मेरी आंखें तक नहीं खुलीं। ऐसी विषम परिस्थिति में जब मेरे पुत्र सुमित वैष्णव ने अमित जी को सूचना दी, तो उन्होंने मित्रता और मानवता का एक ऐसा उदाहरण पेश किया जो विरल है।

300 किलोमीटर का सेवा-सफर

अमित वाल्मीकि जी, जो वर्तमान में चंडीगढ़ में कार्यरत हैं, सूचना मिलते ही तुरंत अपनी गाड़ी लेकर शिमला पहुँचे। रास्ते भर मेरी स्थिति अत्यंत चिंताजनक थी, निरंतर उल्टियाँ

और दस्त से शरीर पस्त था, लेकिन अमित जी ने एक क्षण के लिए भी साथ नहीं छोड़ा। उन्होंने अपने हाथों से पानी पिलाया और एक सगे परिजन की तरह हर संभव सेवा की। वह मुझे लगभग 300 किलोमीटर दूर मेरे पैतृक गाँव रामनगर सुरक्षित छोड़कर आए।

"अमित जी मेरी जाति से नहीं हैं, किंतु उनके भीतर मानवता कूट-कूट कर भरी हुई है। उनकी यह निस्वार्थ सेवा सिद्ध करती है कि इंसानियत का रिश्ता हर सामाजिक दीवार से कहीं ऊँचा और पवित्र होता है।"

निष्कर्ष

अमित वाल्मीकि 'गिरदावर' जैसे कर्मठ और संवेदनशील व्यक्ति ही समाज के सच्चे नायक हैं। रामनगर के इतिहास की इस पुस्तक में उनका उल्लेख केवल एक घटना मात्र नहीं, बल्कि आने वाली पीढ़ियों के लिए यह सीख है कि सेवा ही परमो धर्म है।

अध्याय 25: रामफल उर्फ पाल बैरागी

रामनगर के इतिहास में एक निस्वार्थ संरक्षक की गाथा

इतिहास केवल उन लोगों का नहीं होता जो सीमाओं पर लड़ते हैं, बल्कि उनका भी होता है जो कठिन समय में अपनों का हाथ थामकर उन्हें टूटने से बचा लेते हैं। रामनगर के गौरव और मेरे हृदय के अत्यंत समीप, श्रद्धेय रामफल उर्फ पाल बैरागी जी (जिन्हें हम आदर से पाल भाई साहब कहते थे) एक ऐसे ही व्यक्तित्व थे। पिछले वर्ष 85 वर्ष की सुदीर्घ आयु में उनका देवलोकगमन हुआ, जिससे न केवल हमारे परिवार ने अपना एक संरक्षक खोया, बल्कि समाज ने एक सच्चा हीरा खो दिया।

संघर्ष के दिनों का मसीहा

आज से 60 वर्ष पूर्व, जब हमारा परिवार घोर आर्थिक तंगी और गरीबी के दौर से गुजर रहा था, तब पाल भाई साहब एक ढाल बनकर खड़े रहे। बचपन से लेकर उनके अंतिम समय तक, उन्होंने मेरे परिवार पर विशेष कृपा रखी। हमारे लिए उनके दरवाजे और हृदय कभी बंद

नहीं हुए। छोटी से छोटी जरूरत हो या कोई बड़ा संकट, उनका मार्गदर्शन और सहयोग सदैव तत्पर रहता था। वह केवल रिश्ते में बड़े भाई नहीं थे, बल्कि पितातुल्य छाया थे।

संस्कारों की विरासत: एक आदर्श परिवार

पाल भाई साहब और उनकी धर्मपत्नी श्रीमती होशियारी बैरागी जी का जीवन सेवा को समर्पित रहा। होशियारी जी ने भी सदैव गरीबों की मदद में हाथ आगे रखा। उनके इन्हीं ऊंचे संस्कारों का परिणाम है कि आज उनका परिवार समाज में शिक्षा और प्रतिष्ठा का प्रकाश फैला रहा है:

प्रिंसिपल राजवीर स्वामी जी: उनके बड़े सुपुत्र, जो दिल्ली सरकार के विद्यालय में प्रिंसिपल के रूप में राष्ट्र निर्माण कर रहे हैं। उनके पुत्र प्रिंस स्वामी और मयंक स्वामी परिवार की इसी गरिमा को आगे बढ़ा रहे हैं।

मास्टर कर्मवीर स्वामी जी: छोटे सुपुत्र, जो स्वयं शिक्षा के क्षेत्र में समर्पित हैं। उनकी धर्मपत्नी श्रीमती शशि कला स्वामी जी सरकारी स्कूल में हेडमास्टर के पद पर आसीन हैं।

उनका पुत्र हर्षित स्वामी भी इसी सुशिक्षित परंपरा का अंश है।

चित्र 1: पावन धरा पर सौहार्दपूर्ण मिलन

धर्मक्षेत्र कुरुक्षेत्र के ऐतिहासिक ब्रह्म सरोवर के तट पर लेखक भाई रामफल (उर्फ पाल बैरागी) और भाजपा के वरिष्ठ नेता वीरेंद्र स्वामी एक साथ। यह चित्र साहित्य और सामाजिक सक्रियता के सुंदर संगम को दर्शाता है,

अध्याय - 26 यमुना के समीप ग्राम रामनगर: जल संसाधन, भूजल स्तर और निकासी की समस्या

प्रस्तावना:

ग्राम रामनगर का भौगोलिक सौभाग्य यह है कि यह पावन यमुना नदी के निकटवर्ती क्षेत्र में स्थित है। ऐतिहासिक रूप से यमुना इस पूरे क्षेत्र के लिए जल, कृषि और जीवन का मुख्य आधार रही है। किंतु समय के साथ हुए विकासात्मक परिवर्तनों के कारण वर्तमान में जल संसाधनों की स्थिति में उल्लेखनीय बदलाव और चुनौतियाँ अनुभव की जा रही हैं।

भूजल स्तर और गुणवत्ता का संकट:

स्थानीय अनुभवों और जमीनी हकीकत के अनुसार, विगत वर्षों में भूजल स्तर (Water Table) में निरंतर गिरावट दर्ज की गई है। एक समय था जब बहुत कम गहराई पर स्वच्छ और मीठा जल सुलभ हो जाता था, किंतु अब स्थिति भिन्न है। वर्तमान में ट्यूबवेल के माध्यम से प्राप्त होने वाला जल गुणवत्ता की दृष्टि से संतोषजनक नहीं माना जाता। ग्रामीणों का अनुभव है कि यह जल

अब न तो पूर्णतः पेयजल के योग्य प्रतीत होता है और न ही घरेलू उपयोग में सहजता प्रदान करता है।

औद्योगिकीकरण और जल पर दबाव:

क्षेत्र में औद्योगिक गतिविधियों के निरंतर विस्तार के साथ जल की मांग में अभूतपूर्व वृद्धि हुई है। इसके परिणामस्वरूप भूजल स्रोतों पर अत्यधिक दबाव बढ़ा है, जिसका सीधा प्रभाव जल के स्तर और उसकी शुद्धता, दोनों पर पड़ रहा है। यह विषय आने वाले समय के लिए गहरी चिंता और व्यापक वैज्ञानिक अध्ययन की आवश्यकता को रेखांकित करता है।

जल निकासी की समस्या:

जल संसाधनों के साथ-साथ, ग्राम क्षेत्र में वर्षा जल एवं नदी के बढ़े हुए जल स्तर की समुचित निकासी (Drainage System) का अभाव एक बड़ी समस्या बनकर उभरा है। वर्षा ऋतु अथवा यमुना के उफान के समय आवासीय क्षेत्रों, खेतों और मुख्य रास्तों में जलभराव की स्थिति उत्पन्न हो जाती है। व्यवस्थित निकास द्वारों के विकसित न होने

के कारण यह समस्या न केवल कृषि को प्रभावित करती है, बल्कि दैनिक जनजीवन में भी बाधा उत्पन्न करती है।

संतुलित प्रबंधन की आवश्यकता:

जल संसाधन किसी भी ग्राम की जीवनरेखा होते हैं। जब नदी के अत्यंत निकट होने के बावजूद पेयजल संकट, गिरता भूजल स्तर और निकासी की समस्या एक साथ सामने आती है, तो यह स्थिति नियोजित और संतुलित जल प्रबंधन की अनिवार्यता को स्पष्ट करती है।

निष्कर्ष:

यह अध्याय किसी व्यवस्था पर आरोप नहीं, बल्कि एक भौगोलिक और सामाजिक यथार्थ का आधिकारिक दस्तावेजीकरण है। इसका मुख्य उद्देश्य भविष्य की पीढ़ियों और नीति-निर्धारकों का ध्यान जल संरक्षण, वर्षा जल संचयन (Rainwater Harvesting), भूजल पुनर्भरण और एक सुदृढ़ निकासी प्रणाली जैसे ठोस उपायों की ओर आकर्षित करना है, ताकि रामनगर की यह जीवनरेखा सदैव सुरक्षित रहे।

अध्याय - 27 रामनगर में बढ़ता प्रदूषण: पर्यावरण और जन-स्वास्थ्य की चिंता

प्रस्तावना:

ग्राम रामनगर समय के साथ अपनी पारंपरिक कृषि-प्रधान पहचान से धीरे-धीरे औद्योगिक प्रभाव वाले क्षेत्र के रूप में विकसित हुआ है। इस औद्योगिक विस्तार ने जहाँ एक ओर रोजगार और आर्थिक गतिविधियों के नए द्वार खोले हैं, वहीं दूसरी ओर पर्यावरणीय संतुलन के समक्ष गंभीर चुनौतियाँ भी उत्पन्न कर दी हैं। आर्थिक प्रगति और प्राकृतिक संरक्षण के बीच का यह असंतुलन आज चिंतन का मुख्य विषय है।

वायु गुणवत्ता और स्वास्थ्य संबंधी चिंताएँ:

क्षेत्र में औद्योगिक इकाइयों की निरंतर बढ़ती संख्या के कारण वायु की गुणवत्ता में गिरावट एक प्रमुख समस्या के रूप में उभरी है। स्थानीय निवासियों के अनुभवों के अनुसार, दिन के विशिष्ट समय और प्रतिकूल मौसम में वातावरण में धुएँ, तीव्र गंध और धूल के सूक्ष्म कणों की उपस्थिति स्पष्ट रूप से महसूस की जाती है। स्वच्छ वायु का अभाव न केवल

दैनिक जीवन में असहजता उत्पन्न करता है, बल्कि यह बच्चों, बुजुर्गों और श्वसन संबंधी रोगों से ग्रस्त व्यक्तियों के लिए स्वास्थ्य का गंभीर संकट भी खड़ा कर सकता है।

जलभराव और स्वच्छता की चुनौती:

प्रदूषण की यह समस्या केवल वायु तक सीमित नहीं है। ग्राम क्षेत्र में नियोजित जल निकासी प्रणाली (Drainage System) का अभाव एक अन्य बड़ी पर्यावरणीय चुनौती है। वर्षा ऋतु के दौरान पानी का ठहराव, कीचड़ और जमा होने वाली गंदगी न केवल आवागमन को बाधित करती है, बल्कि विभिन्न संक्रामक रोगों के पनपने का कारण भी बनती है। यह स्थिति ग्रामीण स्वच्छता और जन-स्वास्थ्य के मानकों पर प्रतिकूल प्रभाव डालती है।

पर्यावरणीय संतुलन की आवश्यकता:

ग्रामीण परिवेश में पर्यावरण का सीधा संबंध मानव स्वास्थ्य के साथ-साथ पशुधन और कृषि की उर्वरता से भी होता है। जब वायु, जल और भूमि की मौलिक गुणवत्ता प्रभावित होती है, तो उसका दुष्प्रभाव जीवन के प्रत्येक चक्र पर

पड़ता है। अतः वर्तमान समय में प्रदूषण नियंत्रण के कड़े उपायों, हरित क्षेत्रों के संरक्षण और एक सुव्यवस्थित औद्योगिक नीति की आवश्यकता और भी अधिक महसूस की जाती है।

सतत विकास की दिशा में एक कदम:

यह अध्याय किसी व्यवस्था पर आरोप लगाने के उद्देश्य से नहीं, बल्कि एक सामाजिक और पर्यावरणीय यथार्थ को लिपिबद्ध करने के लिए लिखा गया है। औद्योगिक विकास और प्रकृति के बीच का सामंजस्य ही भविष्य के 'सतत विकास' (Sustainable Development) का आधार है। रामनगर की वास्तविक प्रगति तभी सार्थक मानी जाएगी, जब आर्थिक समृद्धि के साथ-साथ यहाँ की भावी पीढ़ियों को स्वच्छ वातावरण और सुरक्षित स्वास्थ्य की विरासत भी प्राप्त हो सके।

निष्कर्ष:

औद्योगिक विकास राष्ट्र की आवश्यकता है, किंतु यह प्रकृति की कीमत पर नहीं होना चाहिए। रामनगर का यह अध्याय हमें चेताता

है कि यदि हैं। संतुलित विकास और प्रकृति के प्रति आज हमने पर्यावरण के प्रति अपनी जिम्मेदारी नहीं समझी, तो आने वाले समय में इसके परिणाम गंभीर हो

अध्याय - 28 रामनगर में स्वास्थ्य सुविधाएँ: आवश्यकता और यथार्थ

प्रस्तावना:

ग्राम रामनगर की सामाजिक संरचना में जहाँ शिक्षा, कृषि और परंपरा की सुदृढ़ उपस्थिति दिखाई देती है, वहीं मानव स्वास्थ्य सुविधाओं की स्थिति आज भी एक गंभीर विचारणीय विषय बनी हुई है। यह एक कटु सत्य है कि ग्राम में पशुओं के उपचार हेतु राजकीय पशु चिकित्सालय तो उपलब्ध है, किंतु मनुष्यों के लिए किसी स्थायी प्राथमिक स्वास्थ्य केंद्र या चिकित्सालय का अभाव है।

चिकित्सा हेतु बाहरी निर्भरता:

ग्रामवासियों को सामान्य मौसमी बीमारियों, प्रसूति सेवाओं, वृद्धावस्था संबंधी जटिलताओं अथवा किसी भी आकस्मिक चिकित्सा आवश्यकता के समय गाँव की सीमाओं से बाहर निर्भर रहना पड़ता है। निकटतम उप-स्वास्थ्य केंद्र और सामुदायिक स्वास्थ्य केंद्र ग्राम से लगभग 5 से 10 किलोमीटर की दूरी पर स्थित हैं। एक पूर्ण रूप से सुसज्जित एलोपैथिक अस्पताल के लिए ग्रामीणों को 10

किलोमीटर से अधिक की दूरी तय करनी पड़ती है।

चुनौतियाँ और प्रभाव:

यह स्थिति विशेष रूप से गर्भवती महिलाओं, बच्चों, बुजुर्गों तथा आपातकालीन रोगियों के लिए अत्यंत कष्टकारी सिद्ध होती है। सीमित परिवहन साधनों, आर्थिक सीमाओं और समय की बाध्यता के कारण कई बार उपचार में विलंब हो जाता है, जिसका सीधा प्रतिकूल प्रभाव रोगी के स्वास्थ्य पर पड़ता है।

असमान स्वास्थ्य ढांचा:

ग्राम रामनगर में पशु चिकित्सालय का सक्रिय होना सराहनीय है, क्योंकि पशुपालन यहाँ की ग्रामीण अर्थव्यवस्था का आधार है। किंतु, मानव जीवन की प्राथमिक आवश्यकता यानी 'स्वास्थ्य सेवाओं' का अभाव एक गहरे असंतुलन को दर्शाता है। लगभग 2800 से अधिक की जनसंख्या वाले इस ग्राम के लिए कम से कम एक प्राथमिक स्वास्थ्य उपकेंद्र या आयुष डिस्पेंसरी की स्थापना अनिवार्य अनुभव की जाती है।

निष्कर्ष:

यह अध्याय केवल अभावों का उल्लेख नहीं है, बल्कि नीति-निर्धारकों और प्रशासन का ध्यान इस ओर आकृष्ट करने का एक प्रयास है। जिस प्रकार शिक्षा और पशुधन संरक्षण को प्राथमिकता दी गई है, उसी प्रकार मानव स्वास्थ्य सेवाओं को ग्राम स्तर तक पहुँचाना भी समय की मुख्य माँग है। स्वस्थ नागरिक ही सशक्त ग्राम और सशक्त राष्ट्र की वास्तविक नींव होते हैं।

अध्याय - 29 उच्च शिक्षा का अभाव और बालिका शिक्षा की चुनौती

प्रस्तावना:

ग्राम रामनगर ने माध्यमिक शिक्षा के क्षेत्र में उल्लेखनीय प्रगति की है। दसवीं कक्षा तक सरकारी एवं निजी विद्यालयों की उपलब्धता ने ग्राम के बच्चों को बुनियादी शिक्षा से जोड़े रखा है। किंतु, माध्यमिक स्तर के पश्चात उच्च शिक्षा की प्राप्ति के लिए ग्राम की सीमाएँ और सुविधाएँ समाप्त हो जाती हैं।

उच्च एवं तकनीकी शिक्षा की कमी:

वर्तमान में ग्राम रामनगर में कला, विज्ञान, वाणिज्य, इंजीनियरिंग अथवा चिकित्सा से संबंधित कोई भी महाविद्यालय या तकनीकी संस्थान उपलब्ध नहीं है। उच्च शिक्षा के इच्छुक विद्यार्थियों को सोनीपत या अन्य नगरों के लिए लंबी दूरी तय करनी पड़ती है। निकटतम प्रतिष्ठित कॉलेज सोनीपत या खानपुर कलां क्षेत्र में स्थित हैं, जो भौगोलिक रूप से काफी दूर हैं।

बालिका शिक्षा पर प्रभाव:

उच्च शिक्षा के संसाधनों का अभाव सबसे अधिक बालिकाओं की शिक्षा को प्रभावित करता है। ग्रामीण परिवेश में लंबी दूरी, परिवहन की अनिश्चितता और सुरक्षा संबंधी चिंताओं के कारण अनेक परिवार अपनी बेटियों को आगे पढ़ाने में संकोच करते हैं। इसके परिणामस्वरूप, अनेक मेधावी छात्राएँ अपनी उच्च क्षमताओं के बावजूद दसवीं या बारहवीं के बाद शिक्षा की मुख्यधारा से कट जाती हैं।

सामाजिक एवं आर्थिक आवश्यकता:

यह भौगोलिक दूरी केवल रास्तों की दूरी नहीं है, बल्कि यह एक सामाजिक और मानसिक बाधा भी बन जाती है। यदि ग्राम के समीप महाविद्यालय या पॉलिटेक्निक जैसे संस्थान उपलब्ध हों, तो न केवल शिक्षा का स्तर ऊँचा उठेगा, बल्कि बालिका सशक्तिकरण और आर्थिक आत्मनिर्भरता को भी अभूतपूर्व बल मिलेगा।

निष्कर्ष:

रामनगर की शैक्षिक प्रगति का अगला चरण उच्च शिक्षा की सुलभता से ही संभव है। जब तक ग्राम स्तर या समीपवर्ती क्षेत्र में उच्च

शिक्षा की व्यवस्था नहीं होती, तब तक ग्रामीण बालिकाओं के स्वप्न अधूरे रहने का संकट बना रहेगा। शिक्षित बेटी ही सशक्त परिवार की आधारशिला होती है, और उनके भविष्य के लिए उच्च शिक्षा अब केवल एक माँग नहीं, बल्कि एक अनिवार्यता है।

अध्याय - 30 लेखक परिचय: सृजन, संकल्प और सेवा की त्रिवेणी

व्यक्तिगत विवरण:

नाम: नरेश दास वैष्णव निम्बार्क (सैन्य एवं साहित्यिक जगत में इसी नाम से प्रतिष्ठित)

पिता: स्वर्गीय श्री नारायण दत्त जी

माता: स्वर्गीय श्रीमती मूर्तिदेवी

जन्म तिथि: 07 मई 1964

शिक्षा: स्नातक (यूनिवर्सिटी ऑफ लाइफ एवं सैन्य अनुभव से दीक्षित)

सैन्य सेवा एवं राष्ट्र-रक्षा:

लेखक भारतीय सेना में नायब सूबेदार के पद से सेवानिवृत्त हुए। अनुशासन, कर्तव्यनिष्ठा और अदम्य साहस उनके सैन्य जीवन की पहचान रहे हैं।

सेवा अवधि: 27 नवम्बर 1984 से 30 नवम्बर 2008

विशिष्ट कार्य: कारगिल युद्ध में सक्रिय सहभागिता एवं संयुक्त राष्ट्र (UN) शांति सेना के अंतर्गत अंतर्राष्ट्रीय मिशनों में योगदान।

स्वावलंबन और आदर्श:

लेखक के सामाजिक और साहित्यिक जीवन का सबसे उल्लेखनीय पक्ष उनका स्वावलंबन है। उन्होंने यह दृढ़ संकल्प लिया है कि वे समाज सेवा या लेखन के किसी भी कार्य के लिए कभी किसी से 'चंदा' या 'आर्थिक सहयोग' स्वीकार नहीं करेंगे। जो भी सामाजिक या साहित्यिक कार्य करना है, वह अपनी व्यक्तिगत मेहनत की कमाई और सामर्थ्य से ही करना है। यह सोच उन्हें विवादों से दूर और उनके कार्यों को पवित्र बनाए रखती है।

साहित्यिक यात्रा: 'बंदूक से कलम तक'

सैन्य सेवा से निवृत्ति के उपरांत, लेखक के भीतर छिपा 'इतिहास-शोधकर्ता' जागृत हुआ। यद्यपि वे स्वयं को पारंपरिक साहित्यकार नहीं मानते, किंतु लोक-स्मृति और ऐतिहासिक तथ्यों को सहेजने का उनका जुनून किसी भी विद्वान से कम नहीं है। उनकी रचनाएँ केवल शब्दों का संकलन नहीं, बल्कि समाज की चेतना और संस्कारों की बहती धारा हैं।

चित्र 1: अंतरराष्ट्रीय मंच पर भारतीय सेना का गौरव

लेखक एवं सेवा-निवृत्त सैन्य अधिकारी नरेश दास वैष्णव निम्बार्क को अपने सैन्य कार्यकाल के दौरान 33 देशों की सेनाओं के साथ काम करने का दुर्लभ और ऐतिहासिक सौभाग्य प्राप्त हुआ। वर्ष 2000 में, उन्होंने संयुक्त राष्ट्र शांति सेना (UN Peacekeeping Force) के हिस्से के रूप में सिएरा लियोन (पश्चिम अफ्रीका) में आठ महीने की चुनौतीपूर्ण और सफल सेवा दी। यह चित्र उनके उस वैश्विक अनुभव और कर्तव्यनिष्ठा का प्रतीक है, जहाँ उन्होंने अंतरराष्ट्रीय सीमा पर भारत का मान बढ़ाया।

मुख्य उपलब्धियां:

वैश्विक अनुभव: 33 विभिन्न देशों के सैन्य बलों के साथ समन्वय।

अंतरराष्ट्रीय मिशन: संयुक्त राष्ट्र शांति सेना, सिएरा लियोन (2000)।

सम्मान: 15 अगस्त 2000 को उत्कृष्ट सेवा के लिए फोर्स कमांडर द्वारा स्मृति चिन्ह (Memento) से सम्मानित।

प्रमुख कृतियाँ (जनसेवा हेतु निःशुल्क समर्पित):

यात्रा: बंदूक से कलम तक (ऐतिहासिक प्रथम पुस्तक)

महंत बने महाराज (छुईखदान एवं राजनांदगाँव बैरागी रियासतों का ऐतिहासिक शोध)

Sanatan Vaishno Bairagi Soldiers and Warriors (अंग्रेजी संस्करण)

Nimbark Sampraday: Sanatan Vaishnav Bairagi Tradition

e-Sanatan Bharat (ई-मासिक पत्रिका के संस्थापक)

जीवन दर्शन एवं ध्येय:

लेखक निम्बार्क वैष्णव परंपरा के प्रति पूर्णतः समर्पित हैं। उनका मानना है कि इतिहास केवल तिथियों का नाम नहीं है, बल्कि वह जड़ों से जुड़ने का माध्यम है। रामनगर उनका पैतृक गाँव है, जहाँ वे अपने तीनों भाइयों के साथ एक संयुक्त और सुखी परिवार के रूप में रहते हैं। इस पुस्तक 'रामनगर: तब और अब' के माध्यम से वे अपनी जन्मभूमि के इतिहास को बिना किसी व्यावसायिक लाभ

के, निस्वार्थ भाव से समाज को सौंपना चाहते हैं।

संपर्क एवं निवास:

ग्राम रामनगर, गन्नौर, जिला सोनीपत (हरियाणा)।

लेखक का एकमात्र लक्ष्य है–अपनी लेखनी के माध्यम से राष्ट्रबोध, सनातन चेतना और सामाजिक समरसता की अलख जगाना।

चित्र 1: बैरागी रियासत छुईखदान में साहित्यिक सम्मान

लेखक नरेश दास वैष्णव निम्बार्क को बैरागी रियासत छुईखदान में बैरागी राजाओं द्वारा स्मृति चिन्ह (मोमेंटो) प्रदान कर सम्मानित किया गया। इस विशेष अवसर पर साहित्यिक संस्था के अध्यक्ष ठाकुर वीरेंद्र साहब ने उन्हें उनकी साहित्यिक सेवाओं के लिए साहित्यिक पुरस्कार से नवाजा और मोमेंटो भेंट किया। यह सम्मान लेखक द्वारा ऐतिहासिक अनुसंधान और साहित्य के क्षेत्र में किए गए उनके अमूल्य योगदान का प्रतीक है।

अध्याय - 31 रामनगर की सामाजिक संरचना: ऐतिहासिक चौपाल और जल विरासत

प्रस्तावना:

रामनगर की बसावट केवल भवनों और गलियों का समूह मात्र नहीं रही है, बल्कि यह गाँव की धार्मिक चेतना, सामाजिक संतुलन और सामूहिक जीवन का एक सजीव प्रतिबिंब रही है। इस चेतना के सबसे सशक्त प्रतीक गाँव की ऐतिहासिक चौपालें और प्राचीन कुएँ रहे हैं।

ऐतिहासिक जनरल चौपाल: एकता का केंद्र:

गाँव की सबसे प्राचीन और विशाल चौपाल का निर्माण वर्ष 1920 में हुआ था। यह एक 'जनरल चौपाल' थी, जो बिना किसी भेदभाव के सभी जातियों और वर्गों के लिए खुली रहती थी। यही स्थान रामनगर की सामाजिक एकता और आपसी संवाद की मुख्य धुरी बना रहा।

इस चौपाल की सबसे बड़ी विशेषता इसकी दीवारों पर अंकित संपूर्ण रामायण की चौपाइयाँ और प्रभु श्री राम के सुंदर चित्र थे। यह भवन केवल एक संरचना नहीं, बल्कि रामकथा की

एक जीवंत प्रस्तुति थी। लेखक के लिए यह चौपाल 'बचपन का तीर्थ' रही है, जिसकी अटारी और भक्तिमय दीवारों के बीच खेलते हुए जीवन के प्रारंभिक संस्कार प्राप्त हुए।

सामाजिक विस्तार और विविध चौपालें:

समय के साथ गाँव का विस्तार हुआ और विभिन्न समाजों ने अपनी विशिष्ट चौपालों का निर्माण किया, जिनमें वाल्मीकि समाज, कश्यप समाज, चमार समाज और पिछड़ा वर्ग की चौपालें शामिल हैं। ये स्थान संबंधित समाजों की बैठकों और गतिविधियों के केंद्र बने, जबकि मुख्य 'जनरल चौपाल' पूरे गाँव को एक सूत्र में पिरोने का कार्य करती रही।

जल विरासत: जीवन-रेखा कुएँ:

रामनगर के इतिहास में कुओं का विशेष महत्व रहा है। गाँव में बैरागी समाज, ब्राह्मण समाज और अन्य वर्गों के अपने-अपने कुएँ विद्यमान थे। ये केवल जल-स्रोत नहीं थे, बल्कि दैनिक मेल-मिलाप और श्रम की साझी व्यवस्था के केंद्र थे। वर्तमान में, हरियाणा सरकार द्वारा स्थापित चार ट्यूबवेल गाँव की

जल आपूर्ति का कार्य कर रहे हैं, जो परंपरा और आधुनिकता के संगम को दर्शाते हैं।

अध्याय - 32 शिक्षा से राष्ट्रसेवा तक: रामनगर की गौरवशाली परंपरा

प्रस्तावना:

वर्ष 1952 में स्थापित राजकीय विद्यालय केवल एक शिक्षण संस्थान नहीं, बल्कि रामनगर की बौद्धिक चेतना और राष्ट्रभक्ति का ऊर्जा केंद्र रहा है। इस विद्यालय ने पीढ़ियों से विद्यार्थियों को न केवल अक्षर-ज्ञान दिया, बल्कि उन्हें अनुशासन और देशप्रेम के संस्कारों से भी अभिसिंचित किया।

राष्ट्ररक्षा के लिए समर्पण:

यहीं की शिक्षा का परिणाम है कि यहाँ से पढ़कर निकले अनेक युवाओं ने भारतीय सेना, अर्धसैनिक बलों और सुरक्षा सेवाओं में चयनित होकर राष्ट्रधर्म का पालन किया। यह विद्यालय गाँव के साधारण परिवारों के बच्चों के सपनों की पहली सीढ़ी बना, जिसने उन्हें वैश्विक स्तर पर पहचान दिलाने का आत्मविश्वास प्रदान किया।

लेखक का वैश्विक अनुभव:

इसी गौरवशाली परंपरा के अंतर्गत, लेखक नरेश दास वैष्णव निम्बार्क (पूर्व नायब सूबेदार,

भारतीय सेना) ने भी अपनी प्राथमिक शिक्षा इसी विद्यालय से प्राप्त की। सैन्य सेवा के दौरान लेखक को न केवल देश की सीमाओं की रक्षा करने का अवसर मिला, बल्कि उन्हें नेपाल, भूटान, दुबई, मिस्र (इजिप्ट) सहित लगभग सात देशों की यात्रा का सौभाग्य भी प्राप्त हुआ।

विशेष रूप से, संयुक्त राष्ट्र संघ (UN) की शांति सेना के अंतर्गत सिएरा लियोन (Sierra Leone, अफ्रीका) में उनके सेवाकाल के अनुभव इस विद्यालय की शिक्षा परंपरा का जीवंत प्रमाण हैं। यह उपलब्धि केवल व्यक्तिगत नहीं है, बल्कि उस ग्रामीण शिक्षा पद्धति की विजय है जिसने एक सामान्य छात्र को अंतर्राष्ट्रीय मिशन तक पहुँचाया।

निष्कर्ष:

रामनगर के विद्यालय से निकले विद्यार्थियों ने यह सिद्ध किया है कि शिक्षा केवल जीविकोपार्जन का साधन नहीं, बल्कि राष्ट्रसेवा का मार्ग है। यह अध्याय इस सत्य को स्थापित करता है कि रामनगर की

वास्तविक पहचान यहाँ की मिट्टी से उपजे उन संस्कारों में है, जो विद्यालय से शुरू होकर सीमाओं की रक्षा तक पहुँचते हैं।

26 जनवरी 2026 को गणतंत्र दिवस के शुभ अवसर पर गवर्नमेंट हाई स्कूल, रामनगर में आयोजित एक विशेष कार्यक्रम के दौरान। लेखक ने अपनी निजी निधि से स्कूल के 21 प्रतिभावान विद्यार्थियों को उनकी विशिष्ट उपलब्धियों के लिए स्मृति चिन्ह (मोमेंटो) देकर सम्मानित किया। यह कार्यक्रम विद्यार्थियों में शिक्षा, संस्कार और जागरूकता को बढ़ावा देने के उद्देश्य से आयोजित किया गया था।

अध्याय - 33 रामनगर की सामाजिक संरचना: विविधता में एकता

प्रस्तावना:

ग्राम रामनगर की पहचान उसकी सनातन आस्था, वैष्णव बैरागी परंपरा और सुदृढ़ सामाजिक समरसता से निर्मित होती है। यह ग्राम अपनी स्थापना के समय से ही धार्मिक, सांस्कृतिक और आध्यात्मिक वातावरण के लिए संपूर्ण क्षेत्र में विख्यात रहा है।

ग्राम की सामाजिक संरचना (एक विहंगम दृष्टि):

रामनगर की सामाजिक बनावट में विभिन्न समुदायों का सुंदर मेल-जोल रहा है। यहाँ मुख्य रूप से वैष्णव बैरागी एवं ब्राह्मण समाज की बहुलता है। ग्राम की वर्तमान अनुमानित सामाजिक संरचना इस प्रकार है:

वैष्णव बैरागी: 250 परिवार

ब्राह्मण: 250 परिवार

झीमर / कश्यप: 40 परिवार

चमार: 60 परिवार

वाल्मीकि: 40 परिवार

जोगी: 20 परिवार

लोहार: 20 परिवार

नाई: 15 परिवार

फकीर: 15 परिवार

खाती: 10 परिवार

लीलगर: 10 परिवार

प्रजापति: 05 परिवार

दर्जी: 04 परिवार

इन सभी समुदायों के मध्य धार्मिक सह-अस्तित्व, सामाजिक सम्मान और सांस्कृतिक एकता की अटूट परंपरा रही है, जो रामनगर को एक आदर्श ग्राम बनाती है।

अध्याय - 34 ऐतिहासिक विरासत: बैरागियों का बरामदा और स्मृतियों का बाग

हरकेश बैरागी की ऐतिहासिक हवेली:

रामनगर के सामाजिक इतिहास में श्री हरकेश बैरागी का नाम अत्यंत सम्मान के साथ लिया जाता है। उन्होंने ग्राम में एक विशाल एवं भव्य हवेली का निर्माण कराया था, जो पूरे क्षेत्र में "बैरागियों का बरामदा" के नाम से प्रसिद्ध थी। यह हवेली उस समय बैरागी समाज की सबसे बड़ी और गौरवशाली संरचना मानी जाती थी। ग्राम की महत्वपूर्ण पंचायतें और मांगलिक आयोजन इसी बरामदे में संपन्न होते थे। उनके वंशक्रम में उनके दो पुत्रों–श्री रामचंद्र बैरागी एवं श्री लकी बैरागी–ने इस विरासत को संभाला।

जुगलाल बैरागी एवं वंश परंपरा:

बैरागी समाज की एक सशक्त पारिवारिक धारा के प्रतिनिधि के रूप में श्री जुगलाल बैरागी का योगदान भी स्मरणीय है। उनके तीन पुत्रों–श्री दयोकराम बैरागी, श्री भक्ता बैरागी एवं श्री दौलत बैरागी–ने ग्राम के सामाजिक और

धार्मिक आयोजनों में निरंतर अपनी प्रभावी सहभागिता सुनिश्चित की।

12 बीघा का बाग: एक साझा धरोहर:

रामनगर की प्राकृतिक संपदा में बैरागी समाज से जुड़ा लगभग 12 बीघा का विशाल बाग एक विशेष स्थान रखता है। जामुन, आम और अमरूद जैसे फलदार वृक्षों से लदा यह बाग ग्राम के सुखद वातावरण का प्रतीक था। इसके विकास और संरक्षण में श्री जसराम बैरागी, श्री सरिया बैरागी, श्री इंद्राज बैरागी, श्री जुगलाल बैरागी, श्री नानक बैरागी एवं श्री ब्रह्म बैरागी का योगदान अत्यंत सराहनीय रहा है।

निष्कर्ष:

यह ऐतिहासिक हवेलियाँ और बाग आज भी ग्राम्य जीवन की मीठी स्मृतियों और सामूहिक सहभागिता का जीवंत प्रमाण हैं। यह सिद्ध करते हैं कि रामनगर केवल एक भौगोलिक स्थान नहीं, बल्कि सामूहिक स्मृति की एक पवित्र भूमि है।

अध्याय - 35 सनातन की ढाल: निमाना की गादी और बैरागी योद्धाओं का विस्मृत इतिहास

गौरवशाली वंशावली एवं उपसंहार: आने वाली पीढ़ियों के लिए धरोहर

हमारी पावन वंशावली (1611 से अब तक):

यह वह वंशावली है जिसने सदियों तक सनातन धर्म की मशाल को थामे रखा:

महंत जयरामदास (संस्थापक - 1611)

महंत परशोत्तम दास

महंत महात्मा दास

महंत राजा रामदास

महंत जयमल दास

महंत दामोदर दास (सिद्ध पुरुष, जिनके नाम पर गादी है)

महंत बद्री दास

महंत सेवा दास

महंत जमुना दास

महंत चेत राम दास (लेखक के परदादा, जो 1926 में निमाना से रामनगर आए)

महंत फकीर दास

श्री नारायण दत्त जी (लेखक के पूज्य पिता)

वर्तमान पीढ़ी:

स्वर्गीय श्री नारायण दत्त जी के सुपुत्रों–मे प्रथम पीढ़ी (मुख्य शाखा):

श्री नरेश दास वैष्णव नीमबार्क

श्री सुभाष स्वामी नंबरदार

श्री अशोक स्वामी देखभालकर्ता

श्री विजेंद्र स्वामी

2. द्वितीय पीढ़ी (पुत्र एवं पुत्रियाँ):

श्री नरेश जी के परिवार से:पुत्र सुमित स्वामी और अमित स्वामी

सुभाष स्वामी के पुत्र दिपेंद्र स्वामी और प्रीति स्वामी

श्री अशोक जी के परिवार से: के परिवार से: सचिन, तुषार और कोमल

श्री विजेंद्र जी दीपेश स्वामी दीपिका स्वामी

चित्र 1: पूर्वजों की विरासत और आध्यात्मिक दर्शन

लेखक अपने साथियों–तुलसी बैरागी, मास्टर जगबीर वैष्णव और दिनेश स्वामी–के साथ निमाना में अपने पूर्वजों की ऐतिहासिक गद्दी

पर दर्शन करने के सौभाग्यपूर्ण अवसर पर। निमाना स्थित दामोदरदास जी के मंदिर का यह स्थान लेखक के परिवार के लिए गहरा ऐतिहासिक महत्व रखता है, जहाँ उनके पूर्वज सन् 1605 से 1926 तक पीठाधीश्वर के रूप में प्रतिष्ठित रहे थे। यह चित्र अपनी गौरवशाली धार्मिक और पारिवारिक परंपराओं के प्रति श्रद्धा और सम्मान को प्रकट करता है।

3. तृतीय पीढ़ी (पौत्र एवं पौत्रियाँ):

सुमित जी के परिवार से: भावेश और दिव्यांशी

सचिन जी के परिवार से: नमीत और वांशु का यह विशाल परिवार आज लगभग 250 सदस्यों के साथ इसी महान विरासत की छाया में फल-फूल रहा है।

उपसंहार (समापन):

18 वर्षों का यह शोध आज सफल हुआ। यह पुस्तक 'रामनगर: तब और अब' केवल एक दस्तावेज नहीं, बल्कि समय की शिला पर अंकित वह गाथा है जो आने वाली सदियों तक हमारे वंश के गौरव को जीवित रखेगी। लेखक अपनी आने वाली पीढ़ियों को यह संदेश देना

चाहता है कि हमारी विरासत अत्यंत महान है; अपनी जड़ों को कभी ओझल मत होने देना।

इस यात्रा के साथी मास्टर जगबीर वैष्णव, तुलसी बैरागी और रविंद्र बैरागी का विशेष आभार।

अध्याय 36: धर्म और सेवा की साक्षात प्रतिमूर्ति - श्रद्धेय जगदीश बैरागी

रामनगर के इतिहास में एक निस्वार्थ संरक्षक और मार्गदर्शक

रामनगर की पावन धरा ने कई ऐसी विभूतियों को जन्म दिया है जिन्होंने अपने कर्मों से समाज को नई दिशा दी। उन्हीं में से एक श्रद्धेय जगदीश बैरागी जी हैं। श्री देवकराम बैरागी जी के आंगन में जन्मे जगदीश जी के व्यक्तित्व में धार्मिक संस्कार और सेवा की भावना बचपन से ही रची-बसी थी।

सेवा का केंद्र: डाहर का वह होटल

जगदीश जी ने अपने जीवन का अधिकांश समय डाहर (पानीपत) में अपने होटल पर बिताया। वह होटल केवल एक व्यवसाय नहीं, बल्कि सेवा का एक केंद्र था। चाहे कोई अनजान ड्राइवर हो, कोई गरीब असहाय हो या समाज का कोई बंधु–जगदीश जी का हाथ दान-दक्षिणा और मदद के लिए कभी पीछे नहीं हटा। उनकी उदारता के किस्से आज भी डाहर और रामनगर के लोग बड़े गर्व से सुनाते हैं।

मेरे राजनीतिक गुरु और मार्गदर्शक

मेरे व्यक्तिगत जीवन में जगदीश जी का स्थान एक 'गुरु' के समान रहा है। जब मैं भारतीय सेना में कार्यरत था, तब भी मैं समय-समय पर उनसे वैचारिक परामर्श लेता रहता था। उनका सामाजिक ज्ञान इतना गहरा था कि जटिल से जटिल समस्याओं का समाधान वे सहजता से कर देते थे। उनके मार्गदर्शन ने मेरे जीवन के कई महत्वपूर्ण निर्णयों को सही दिशा प्रदान की।

संस्कारों का प्रतिफल: एक फलता-फूलता परिवार

आज उनका परिवार अत्यंत संपन्न और सुखी है, जो वास्तव में जगदीश जी के पुण्यों का ही फल है। उनके तीन सुपुत्रों ने उनकी विरासत को बखूबी संभाला है:

श्री कृष्ण स्वामी (उर्फ बलेश स्वामी): इनके दो सुपुत्र हैं– सुरेंद्र स्वामी और अमन स्वामी। यह अत्यंत गौरव का विषय है कि अमन स्वामी आज लंदन में कार्यरत होकर अंतरराष्ट्रीय स्तर पर परिवार का मान बढ़ा रहे हैं।

श्री रविंद्र स्वामी: इनके दो सुपुत्र– सुमित स्वामी और मनीष स्वामी हैं। दोनों ही उच्च शिक्षा (Higher Education) ग्रहण कर रहे हैं और अपने दादाजी की तरह ही संस्कारों से ओत-प्रोत हैं।

श्री भारत स्वामी: इनके तीन बच्चे हैं– श्वेता स्वामी, खुशी स्वामी और अनुराग स्वामी। यह सभी बच्चे अपनी शैक्षिक और सामाजिक यात्रा में उन्नति कर रहे हैं।

निष्कर्ष

जगदीश बैरागी जी का जीवन हमें सिखाता है कि निस्वार्थ भाव से की गई सेवा कभी व्यर्थ नहीं जाती। आज उनकी

पुस्तक का सारांश (Summary/निष्कर्ष)

यह पुस्तक केवल तथ्यों का संग्रह नहीं, बल्कि हमारी विलुप्त होती सांस्कृतिक और ऐतिहासिक विरासत को पुनर्जीवित करने का एक विनम्र प्रयास है. लेखक ने अपने सैन्य जीवन के अनुशासन और ऐतिहासिक शोध की गहराई को एक साथ पिरोया है.

"पूर्वजों की गद्दी से मिले आशीर्वाद और अंतरराष्ट्रीय अनुभवों ने इस कृति को एक वैश्विक दृष्टिकोण प्रदान किया है. यह पुस्तक पाठकों को हमारे महान योद्धाओं के त्याग और रामनगर जैसी पावन धरा की शैक्षणिक यात्रा से अवगत कराएगी."

यह यात्रा यहीं समाप्त नहीं होती; यह शोध का पहला पड़ाव है. आगामी कृतियों में लेखक "सनातन भारत" के अन्य अनछुए पहलुओं और प्राचीन परंपराओं के गहन विश्लेषण को पाठकों के सम्मुख प्रस्तुत करेंगे, जिसका आधार इस पुस्तक ने तैयार कर दिया है.

साधुवाद और शुभकामनाएँ!

जय हिंद, जय भारत! राधे राधे!

www.ingramcontent.com/pod-product-compliance
Lightning Source LLC
LaVergne TN
LVHW100323210926
848480LV00003B/1236

9798904790363